귀엽고 사랑스러운

말랑뽀짝
솜인형 만들기

· · · · · · · · · · ·

피요핏코 감수
시라타마 협력

띠

귀여운 솜인형 만들기

솜인형 만들기를 시작하기 전에
최애를 닮은 솜인형 만드는 과정을 먼저 살펴보자.

STEP 1 솜인형으로 만들 최애 관찰하기

최애의 특징
파악하는 방법은
p.34~35를 참고하자!

솜인형으로 만들고 싶은 최애를 정했다면 최애의 특징을 관찰한다. 얼굴과 헤어스타일의 특징뿐 아니라 눈물점 같은 매력 포인트도 놓치지 말고 파악하자. 어떤 솜인형으로 만들지 상상하면서 반영하고 싶은 특징을 선택한다. 일러스트 등을 참고하는 것도 좋다.

STEP 2 얼굴 디자인하기

얼굴 디자인 템플릿은
p.36~39를 참고하자!

최애의 특징을 파악했다면 이제 디자인에 반영해 보자. 얼굴은 솜인형의 인상을 결정짓는 가장 중요한 부분이다. 얼굴 부위뿐 아니라 표정도 '최애다움'을 연출할 수 있는 포인트라는 사실! 사랑스러운 최애의 표정을 상상하며 나만의 디자인을 구상해 보자. 이 책의 얼굴 디자인 템플릿을 사용해도 좋다.

STEP 3 헤어스타일 정하기

원단 염색하는 방법은
p.64~67을 참고하자!

솜인형에서 헤어스타일은 아주 중요하
다. 형태는 물론이고 사용하는 원단의 종
류와 색도 신경 써야 하는 요소 중 하나
다. 이 책은 다양한 헤어스타일 만드는
방법을 소개한다. 앞머리와 뒷머리를 자
유롭게 조합해 최애의 헤어스타일을 표
현해 보자. 앞머리를 자수로 연결하면 더
귀여운 솜인형으로 만들 수 있다.

STEP 4 최애의 개성 더하기

얼굴과 헤어스타일을 정했다면 최애
의 개성을 더한다. 손바닥이나 발바
닥에 귀여운 무늬나 장식, 최애의 생
일 등을 자수로 표현해 보자. 솜인형
에 최애를 상징하는 포인트 자수를
놓으면 옷을 갈아입힐 때 나만 아는
최애의 트레이드 마크가 보인다. 취
향에 따라 동물 귀를 달아도 좋다.

동물 귀는 모두 네 종류!
p.88~93을 참고하자.

솜인형 만들기 START ! ∘∘⟶

Contents

들어가며

안녕하세요! 솜인형 유튜버 피요핏코입니다.

그동안 제가 YouTube와 SNS에 올린 동영상이나 게시물을 보고
자수를 비롯해 바느질에 풍부한 경험이 있다고 생각하시는 분들이 많습니다.
사실 제가 처음 솜인형을 만든 건 2022년으로,
생각보다 얼마 되지 않았습니다.

자수를 놓는 것도, 솜인형 만들기도 그때가 처음이었죠.
인터넷에서 정보를 검색하고 원단과 씨름하면서
최애와 어울리는 원단을 구입했습니다.
시행착오와 실패를 거듭하며 마침내 완성한 솜인형은
그렇게 사랑스러울 수가 없었답니다.

이렇게 하면 더 귀엽게 완성할 수 있지 않을까?
다음에는 자수를 더 예쁘게 놓을 수 있을 것 같아!
이런 마음이 점점 부풀어 오르면서 솜인형 만들기에 푹 빠져버렸습니다.

최애를 향한 애정만 있다면, 인형을 만들어 본 경험이 없어도
누구나 솜인형을 만들 수 있습니다.

솜인형 만들기에 정답은 없습니다.
원단 선택부터 인형 디자인까지, 나만의 감성을 담아 자유롭게 표현하면 됩니다.

귀엽고 사랑스러운 나만의 솜인형을 만들어 보세요!

이 책이 여러분에게 솜인형 만들기를 향한
첫걸음을 내딛는 계기가 되기를 바랍니다.

피요핏코

1

기본 솜인형 만들기

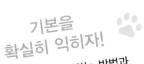

기본을 확실히 익히자!

Part1에서는 바느질하는 방법과 기본 솜인형 만드는 방법을 소개한다. 이 책에서는 20cm 솜인형을 기준으로 설명한다.

기본 도구

솜인형을 만들 때 사용하는 기본 도구를 소개한다. 수예용품점이나 1000원숍에서도 구할 수 있으니
솜인형 만들기를 시작하기 전에 미리 준비해 두자. 도구를 고르는 일도 하나의 즐거움이다.

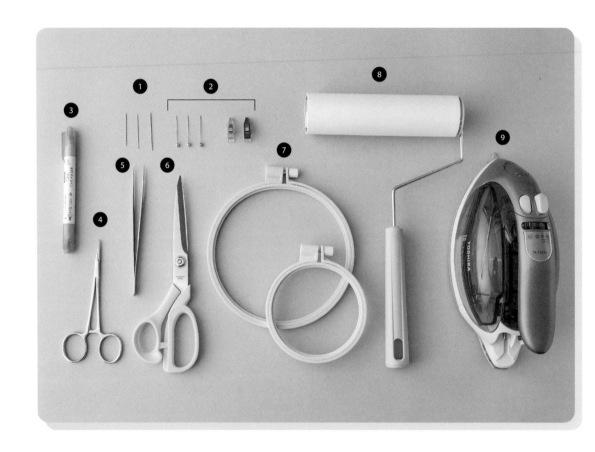

① 재봉 바늘 · 자수 바늘

바늘 종류는 길이나 굵기에 따라 다양하다.
자수 바늘은 7~10호 세트를 준비해 두면
좋다.

② 시침핀 · 시침 클립

시침질하거나 원단을 임시로 고정할 때 사
용한다. 손으로 바느질할 때는 시침 클립이
있으면 편리하다.

③ 초크펜

원단이나 자수 심지에 도안을 옮겨 그릴 때
사용한다. 기화펜, 열펜, 수성펜처럼 지워지
는 펜을 사용해도 된다.

④ 겸자

원단을 뒤집거나 솜인형의 손발에 솜을 채
울 때처럼 세밀한 부분을 작업하기 좋다.

⑤ 핀셋

작은 재료를 다룰 때 편리하다. 자수 심지나
라인스톤을 사용할 때 꼭 필요한 도구다.

⑥ 가위

원단이나 실을 자를 때 사용한다. 재단과 실
자르기 두 가지 용도를 모두 갖춘 가위를
추천한다.

⑦ 자수틀

자수를 놓을 원단을 팽팽하게 고정하는 도
구다. 솜인형을 만들 때는 지름 10cm 또는
15cm가 적합하다.

⑧ 롤 클리너

원단의 풀린 올을 깔끔하게 정리할 때 사용
한다. 보아 원단은 올이 많이 풀리므로 준비
해 두면 좋다.

⑨ 다리미

원단의 주름을 펴거나 열접착 시트를 붙일
때 사용한다.

솜인형 만들기에 사용하는
materials
기본 재료

완성도 있는 솜인형을 만들기 위해서는 재료 선택이 중요하다. 솜인형을 처음 만든다면
1000원숍 등에서 판매하는 저렴한 재료로 시작해도 괜찮다. 익숙해지면 원단이나 실도 엄선해서 사용해 보자.

소프트보아
털 길이가 1~1.5mm인 푹신한 원단이다. 결 방향을 주의해야 한다. 올풀림 방지 처리를 하지 않아도 올이 풀리지 않는다.

※1mm 벨보아로 대체 가능

5mm 벨보아
털 길이가 5mm로 조금 긴 원단이다. 털이 긴 만큼 더 부드럽고 푹신해 헤어 원단으로 적합하다. 무심코 쓰다듬고 싶어지는 감촉의 솜인형이 완성될 것이다.

나이렉스
털 길이가 매우 짧고 부드러운 원단이다. 두께가 얇아 바느질하기 쉽다. 초보자도 다루기 편한 원단 중 하나이다. 시중에 판매하는 비슷한 질감의 원단으로 대체할 수 있다.

재봉실 · 자수실
바느질할 때는 원단과 비슷한 색의 실을 사용하자. 자수실은 제조사에 따라 광택감이 다르다.

수예솜
솜인형 안에 채우는 솜이다. 말랑말랑한 솜인형을 만들 때 사용하는 방울솜과 탄탄한 솜인형을 만들 때 적합한 구름솜이 있다.

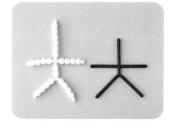

인형 뼈대
솜인형 안에 넣으면 다양한 자세를 표현할 수 있다. 필수는 아니지만 뼈대가 있으면 더욱 다양한 연출이 가능하다.

열접착 시트
원단끼리 붙일 때 사용한다. 원단 사이에 끼우고 다리미로 열을 가해 붙일 수 있다.

접착 심지
한쪽 면에만 풀이 발린 얇은 접착 심지다. 자수를 놓는 원단의 안면에 붙이면 원단이 뒤틀리는 것을 방지할 수 있다.

자수 심지
자수 도안을 옮겨 그린 뒤 원단에 겹쳐서 사용한다. 붙이는 타입도 있으니 목적에 맞게 사용하기 편한 것을 선택하자.

9

바느질하는 방법

재봉틀이 없어도 손바느질로 충분히 솜인형을 만들 수 있다.
시간은 조금 걸리지만 꼼꼼하게 만들어 나가면 된다.
기본 바느질 방법을 익혀 솜인형 만들기를 시작해 보자.

매듭짓는 방법

▶▶ 시작 매듭짓기

바느질을 시작하기 전에
실이 원단에서 빠지지 않도록 매듭을 짓는다.

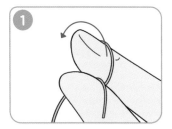

검지 끝에 실을 한 바퀴 감는다.

엄지와 검지 사이에 실을 끼우고 문
질러 얽히게 한다.

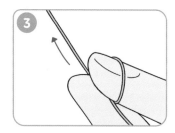

엄지와 검지 사이에 실을 끼운 채 실
을 잡아당기면 매듭이 지어진다.

▶▶ 끝 매듭짓기

바느질을 마무리한 뒤에도
실이 원단에서 빠지지 않도록 원단 안면에서 매듭을 짓는다.

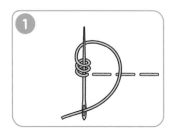

바느질이 끝난 부분에 바늘을 대고
누른 채 실을 2~3번 감는다.

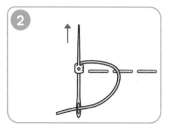

감은 실을 모아 원단을 들고 있는
손의 엄지로 누른다.

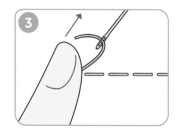

실을 누른 상태로 바늘을 빼낸다.

▶▶ 홈질

겉면과 안면 어느 쪽에서 봐도 일정한 간격의 점선처럼 보인다.
가장 기본이 되는 바느질 방법이다.

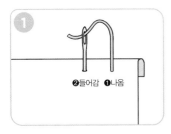

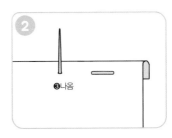

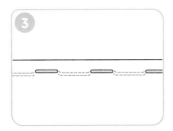

원단의 안면에서 바늘을 뺀 뒤 한 땀 앞에 바늘을 꽂는다.

다시 한 땀 앞에서 바늘을 뺀다.

❶~❷를 반복한다.

▶▶ 반박음질

겉면에서 보면 일정한 간격의 점선처럼 보인다.
홈질보다 튼튼한 바느질 방법이다.

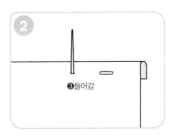

이 책에서는 **반박음질**을 기본으로 한다

원단의 안면에서 바늘을 뺀 뒤 반 땀 되돌아가 바늘을 꽂는다.

한 땀 반 앞에서 바늘을 뺀 뒤 반 땀 되돌아가 바늘을 꽂는다.

❶~❷를 반복한다.

▶▶ 공그르기

원단끼리 연결할 때 사용하는 바느질 방법이다.
겉면에서는 바늘땀이 보이지 않는다.

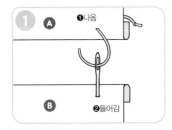

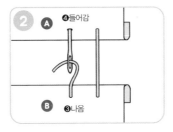

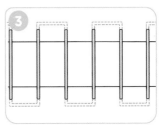

A 원단의 안면에서 바늘을 뺀 뒤 B 원단의 겉면에 바늘을 꽂는다.

한 땀 앞으로 가 B 원단의 안면에서 바늘을 뺀 뒤 A 원단의 겉면에 바늘을 꽂는다. 이전과 같은 방법으로 한 땀 앞에서 바늘을 뺀다.

❶~❷를 반복한다.

꼼꼼하고 정확하게 옮겨 그리자!

도안 사용 방법

이 책의 도안(p.97~111)은 인쇄해서 그대로 사용할 수 있다.
도안은 솜인형의 모양과 크기를 결정하는 중요한 요소다.
꼼꼼하고 정확하게 옮겨 그릴 수 있도록 신경 쓰자.

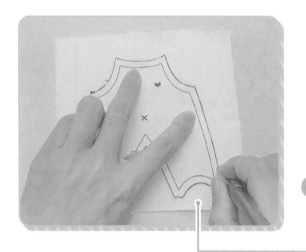

1 재단선을 따라 도안을 자르고 원단에 옮겨 그린다

도안을 인쇄한 뒤 재단선을 따라 자른다. 자른 도안을 원단에 놓고 초크펜 등을 사용해 옮겨 그린다. 원단에 자수를 놓으려면 위치를 확인하고 자수 도안도 옮겨 그린다.

Point

소프트보아 원단을 사용할 때는 원단의 결 방향을 확인해야 한다. 도안에 표시된 결 방향에 맞게 도안을 놓자.

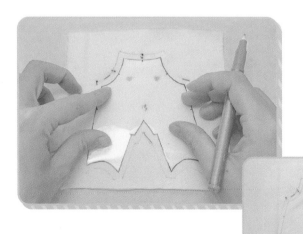

2 완성선을 따라 도안을 자르고 원단에 옮겨 그린다

완성선을 따라 도안을 자른다. ❶에서 사용한 도안을 잘라서 사용해도 된다. 시접의 폭이 일정하도록 도안을 원단에 놓고 옮겨 그린다.

Point

투명한 L홀더 파일에 도안을 옮겨 그리면 반복해서 사용할 수 있다.

3 재단선을 따라
원단을 자른다

❶에서 옮겨 그린 재단선을 따라 원단을 자른다.

알아두면
좋은 팁

도안 보는 방법

도안에는 여러 가지 선과 표시가 그려져 있다. 각자 의미와 역할이 있어 솜인형을 만들기 위해서는 도안을 잘 확인해야 한다. 선과 표시의 역할을 알아보자.

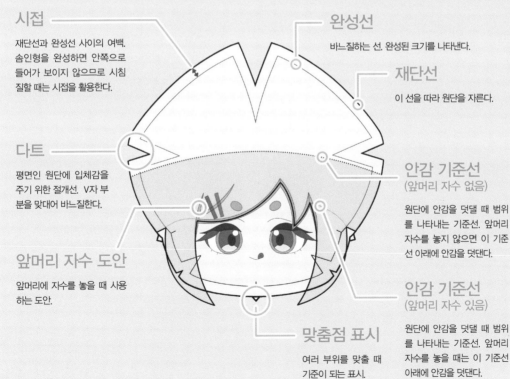

시접

재단선과 완성선 사이의 여백. 솜인형을 완성하면 안쪽으로 들어가 보이지 않으므로 시침질할 때는 시접을 활용한다.

완성선

바느질하는 선. 완성된 크기를 나타낸다.

재단선

이 선을 따라 원단을 자른다.

다트

평면인 원단에 입체감을 주기 위한 절개선. V자 부분을 맞대어 바느질한다.

안감 기준선
(앞머리 자수 없음)

원단에 안감을 덧댈 때 범위를 나타내는 기준선. 앞머리 자수를 놓지 않으면 이 기준선 아래에 안감을 덧댄다.

앞머리 자수 도안

앞머리에 자수를 놓을 때 사용하는 도안.

안감 기준선
(앞머리 자수 있음)

원단에 안감을 덧댈 때 범위를 나타내는 기준선. 앞머리 자수를 놓을 때는 이 기준선 아래에 안감을 덧댄다.

맞춤점 표시

여러 부위를 맞출 때 기준이 되는 표시.

자수 심지에 도안을 옮겨 그리자!

도안 옮겨 그리는 방법

종이에 그리거나 인쇄한 도안을 사용해 자수를 놓을 때는 자수 심지가 꼭 필요하다.
붙이는 타입부터 인쇄 가능한 타입까지 종류도 다양하다.
자수 심지에 도안을 정확하게 옮겨 그려야 도안대로 자수를 완성할 수 있다.

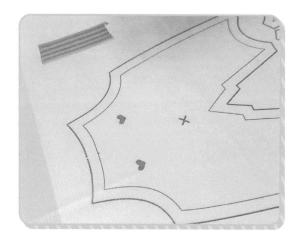

1 자수 심지를 도안에 고정한다

자수 심지를 필요한 크기로 자른 뒤 마스킹 테이프를 사용해 도안과 책상에 고정한다.

사용한 재료

- 자수 심지
- 마스킹 테이프
- 지워지는 펜

2 도안을 옮겨 그린다

자수 심지가 찢어지지 않도록 주의하면서 지워지는 펜을 사용해 도안을 조심스럽게 옮겨 그린다.

Point

도안의 선과 자수 도안을 각각 다른 색으로 표시해 두면 자수를 놓을 때 알아보기 쉽다.

알아두면
좋은 팁 → ## 붙이는 타입의 자수 심지 녹이는 방법

붙이는 타입의 자수 심지는 자수를 놓을 때 원단이 잘 틀어지지 않아 편리하지만, 원단에 풀이 남아 지저분해질 수도 있다. 수용성 심지를 깨끗하게 녹이는 방법을 소개한다.

1 자수틀에서 원단을 분리한다

자수를 완성했다면 자수틀에서 원단을 분리한다.

2 따뜻한 물로 씻는다

약 45도의 따뜻한 물에 담가 심지 부분을 부드럽게 쓰다듬듯이 씻어낸다. 자수를 놓은 부분은 꾹꾹 누르면서 씻으면 된다.

3 물을 새로 받아 씻는다

물에 풀이 녹아 있으므로 두 번 정도 따뜻한 물을 새로 받아 꼼꼼하게 씻어낸다. 마지막에는 헹구는 정도면 된다.

4 원단을 접어서 물기를 짠다

자수가 상하지 않도록 원단을 접어서 조심스럽게 물기를 짠다.

5 타월로 물기를 제거한다

원단을 펼쳐 타월로 덮은 뒤 위에서 가볍게 눌러 물기를 제거한다.

6 헤어드라이어로 말린다

젖어서 뭉쳐 있는 털이 보송보송해질 때까지 헤어드라이어로 말린다. 마지막에는 자연 건조하는 게 좋다.

자수 놓는 방법

자수는 솜인형의 얼굴을 표현하거나 몸에 포인트를 넣을 때 추천하는 방법이다.
기본 스티치 기법을 익혀 자수에 도전해 보자.

자수실 사용 방법

자수실은 가느다란 여섯 가닥의 실로 이루어져 있다. 필요한 길이만큼 자른 뒤 엉키지 않도록 한 가닥씩 천천히 빼내어 사용한다.

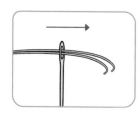
실의 가닥 수에 따라 스티치의 두께가 달라진다. 원하는 만큼 실을 뺐다면 실 끝을 맞춰 자수 바늘에 끼운다.

선을 표현하는 스티치

▶▶ 아웃라인 스티치

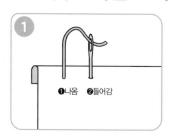
❶나옴 ❷들어감

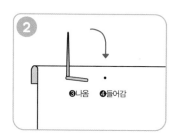
❸나옴 ❹들어감

직선이나 곡선 모두 표현할 수 있다!

원단의 안면에서 바늘을 뺀 뒤 반 땀 앞에 바늘을 꽂는다.

❶의 ❶과 같은 위치에서 바늘을 뺀 뒤 한 땀 앞에 바늘을 꽂는다.

❶~❷를 반복한다.

▶▶ 백 스티치

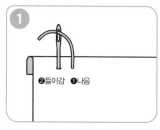
❷들이감 ❶나옴

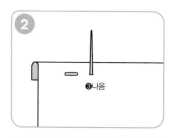
❸나옴

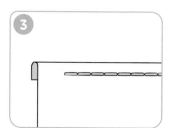

원단의 안면에서 바늘을 뺀 뒤 반 땀 되돌아가 바늘을 꽂는다.

한 땀 앞에서 바늘을 뺀 뒤 반 땀 되돌아가 바늘을 꽂는다.

❶~❷를 반복한다.

▶▶ 스트레이트 스티치

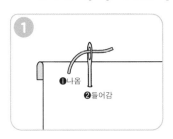

원단의 안면에서 바늘을 뺀 뒤 겉면에 꽂는다.

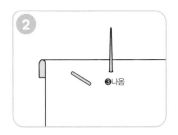

①을 반복한다. 길이나 방향은 원하는 대로 조절한다.

입과 같은 **짧은 직선**에 가장 적합하다

여러 방향으로 자수를 놓을 수도 있다.

면을 채우는 스티치

▶▶ 새틴 스티치

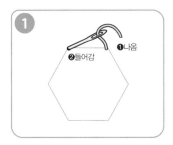

원단의 안면에서 바늘을 뺀 뒤 겉면에 꽂는다.

①의 바로 옆에서 ①을 반복한다. 스트레이트 스티치를 평행하게 놓는다는 느낌으로 진행한다.

면을 채우고 남은 실은 원단의 안면에서 바늘땀 사이로 통과시켜 마무리한다.

▶▶ 롱 앤드 쇼트 스티치

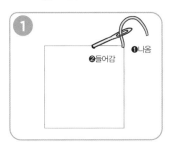

원단의 안면에서 바늘을 뺀 뒤 조금 떨어진 위치에 바늘을 꽂는다.

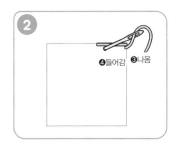

①의 바로 옆으로 돌아가 바늘을 뺀다. ①보다 바늘땀 길이가 짧게 바늘을 꽂는다.

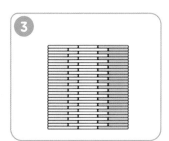

①~②를 반복한다.

솜인형의 최신 트렌드

1 앞머리 자수

2 화려한 눈 자수

3 큼직한 바디

4 푹신푹신한 원단

5 분리된 바디

6 옷 갈아 입히기

7 빵빵한 솜

1 ▶▶ 앞머리를 자수로 연결한다

한국과 중국의 솜인형은 앞머리에 자수를 놓아 얼굴과 연결하는 것이 특징이다. 앞머리를 자수로 연결하면 조금 더 완성도 있는 솜인형을 만들 수 있다. 반면 일본의 솜인형은 앞머리를 넘길 수 있는 타입이 많다.

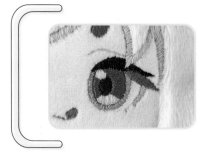

2 ▶▶ 눈을 화려한 자수로 표현한다

한국과 중국의 솜인형은 눈을 화려한 자수로 표현한다. 다양한 색으로 하이라이트를 많이 넣어 반짝임을 나타내는 것이 특징이다. 눈을 그러데이션으로 표현하거나 눈동자에 하트나 별을 수놓는 등 섬세하게 디자인해 보자.

3 ▶▶ 솜인형 바디가 큼직하다

한국과 중국의 솜인형은 20cm가 많다. 사이즈가 큰 만큼 섬세하게 꾸밀 수 있으며 사랑스러운 아기 같은 느낌도 든다. 반면 일본의 솜인형은 10cm~15cm가 많다.

4 ▶▶ 원단이 푹신푹신하다

한국과 중국의 솜인형은 피부와 헤어를 소프트보아나 털이 긴 5mm 벨보아 원단처럼 푹신푹신한 원단으로 만든다는 것도 특징이다. 솜인형을 만들 때는 원단 선택부터 신경 쓰자. 푹신푹신한 원단은 앞머리 자수와도 잘 어울린다.

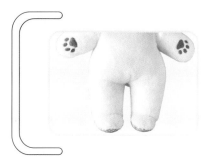

5 ▶▶ 바디가 분리되어 있다

한국과 중국의 솜인형은 몸과 팔다리가 각각 별도의 부위로 이루어져 몸에 입체감이 있다. 반면 일본의 솜인형은 작은 사이즈가 대부분이어서 몸과 팔다리가 하나로 이어진 구조가 많다.

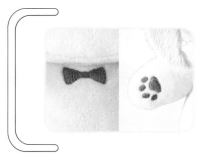

6 ▶▶ 옷을 갈아입힐 수 있다

한국과 중국의 솜인형은 옷을 갈아입힐 수 있다는 점도 포인트다. 또한 바디 규격이 거의 통일되어 있어 시중에서 다양한 옷을 구할 수 있다. 반면 일본의 솜인형은 옷이 몸에 인쇄되어 있거나 붙어 있는 경우가 많다.

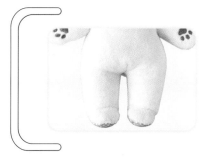

7 ▶▶ 솜을 빵빵하게 채운다

한국과 중국의 솜인형은 푹신푹신한 원단이나 귀여운 외형과 달리 솜이 빵빵하게 채워져 있어 탄탄하다는 것이 특징이다. 얼굴과 몸이 통통하고 입체적이며 옷을 갈아입히기도 편하다.

솜인형 만드는 방법

이 책의 도안을 사용해 솜인형 만드는 방법을 소개한다.

기본 솜인형을 응용해 나만의 솜인형을 만들어 보자.

도안은 p.98~100을 참고하자!

준비하기

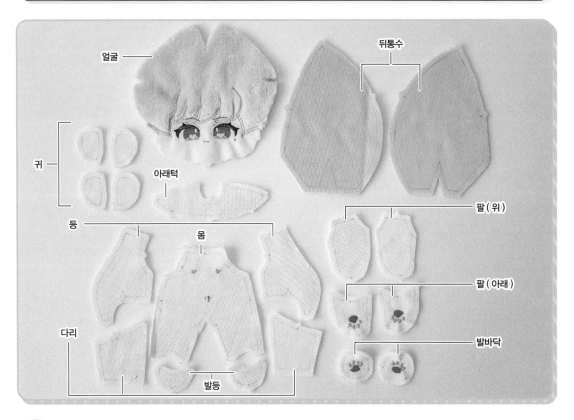

얼굴

뒤통수

귀

아래턱

등

몸

팔 (위)

팔 (아래)

다리

발등

발바닥

1 원단을 준비한다

원단의 결 방향을 정확하게 확인하고 도안을 옮겨 그린
뒤 원단을 자른다. 얼굴과 몸의 자수, 헤어 안감은 원단을
자르기 전에 모두 마무리해 두자.

사용한 원단

- 피부 : 소프트보아(핑크스킨)
- 헤어 : 5mm 벨보아(핑크)
- 뒤통수 : 소프트보아(핑크)

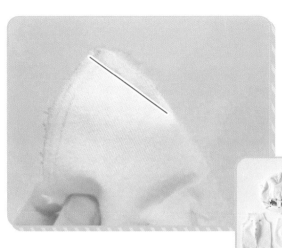

 다트를 바느질한다

①에서 자른 얼굴·뒤통수·몸·등의 다트 부분을 바느
질한다. 뒷머리가 있다면 뒷머리의 다트도 바느질하자.

 앞머리 자수 없이 얼굴 만드는 방법

이 책에서 앞머리 자수가 있는 도안으로도 앞머리 자수 없이 솜인형을 만들 수 있다. 앞머리를 자수로
연결하지 않으면 헤어 끝이 떠 있는 형태로 완성된다.

 앞머리와 얼굴을 준비한다

앞머리에 자수를 놓지 않을 때는 안감을 덧댄 앞머리
와 얼굴을 각각 준비한다.

안감을 덧대는 방법은 p.60~61을 참고하자!

2 얼굴과 앞머리를 겹쳐
시침질한다

다트를 바느질한 얼굴과 앞머리를 겹쳐 완성선 바깥
쪽을 시침질한다. 홈질을 해도 상관없다.

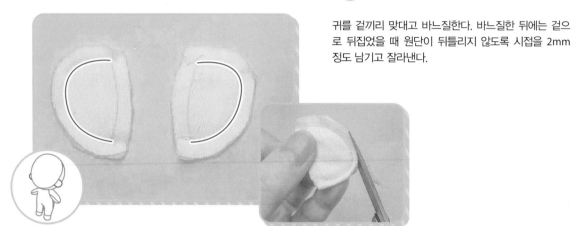

3 귀를 바느질한다

귀를 겉끼리 맞대고 바느질한다. 바느질한 뒤에는 겉으로 뒤집었을 때 원단이 뒤틀리지 않도록 시접을 2mm 정도 남기고 잘라낸다.

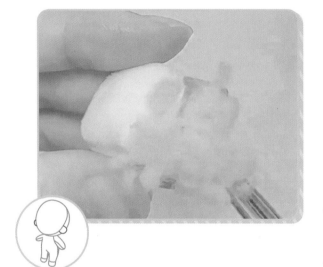

4 귀를 겉으로 뒤집어 솜을 채운다

❸에서 만든 귀를 겉으로 뒤집어 솜을 조금 채운다. 15cm나 그보다 작은 인형을 만들 때는 솜을 채우지 않아도 된다.

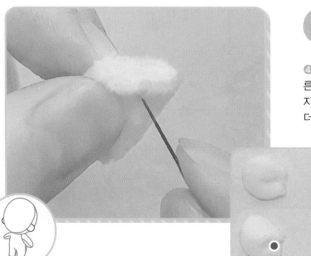

5 귓바퀴를 표현한다

❹에서 만든 귀를 반으로 접고 접은 부분의 가운데를 누른 채 바느질한다. 이때 완성선보다 바깥쪽을 바느질하자. 한쪽 귀를 만들었다면 좌우대칭이 되도록 귀를 하나 더 만든다.

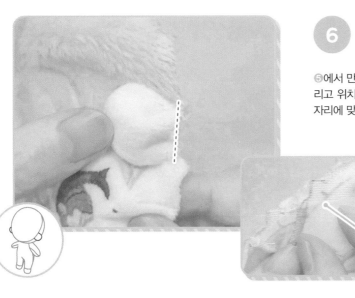

6 귀를 얼굴에 연결한다

❺에서 만든 귀를 도안에 표시된 점선에 맞춰 얼굴에 올리고 위치를 확인한다. 귀가 시작되는 부분을 얼굴 가장자리에 맞춰 귀를 얼굴 쪽으로 넘겨서 바느질한다.

Point
귀를 바느질할 때는 완성선보다 조금 바깥쪽을 바느질한다.

7 아래턱과 얼굴을 연결한다

아래턱과 얼굴의 턱 부분을 겉끼리 맞대고 맞춤점 표시를 맞춰 바느질한다.

Point
얼굴의 윤곽은 완성도를 결정짓는 중요한 부분이다. 주름이 생기거나 바늘땀이 울퉁불퉁하지는 않은지 잘 확인하자.

8 뒤통수를 바느질한다

❷에서 다트를 바느질한 뒤통수 두 장을 겉끼리 맞대고 정수리부터 맞춤점 표시까지 바느질한다.

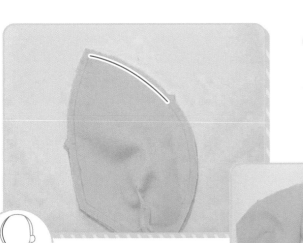

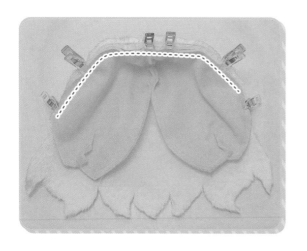

9 뒤통수와 뒷머리를 겹쳐
시침질한다

❽에서 만든 뒤통수와 뒷머리를 겹쳐 완성선 바깥쪽을
시침질한다.

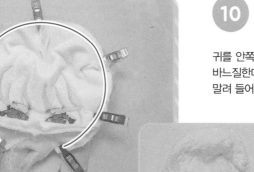

10 얼굴과 뒤통수 및 뒷머리를
연결한다

귀를 안쪽으로 넣은 뒤 얼굴과 뒤통수를 겉끼리 맞대고
바느질한다. 뒷머리가 있다면 바느질할 때 뒷머리 끝이
말려 들어가지 않도록 주의하자.

반묶음 머리 만드는 방법은
p.78~79를 참고하자!

알아두면
좋은 팁 ## 맞춤점 표시를 정확하게 맞추기

솜인형을 만들 때 겹치는 위치가 어긋나면 모양
이 틀어질 수도 있다. 따라서 도안을 참고해 맞춤
점 표시를 정확하게 맞춰 바느질하자. 곡선 부분
은 먼저 중심을 고정한 뒤 양옆을 바느질하면 위
치가 잘 어긋나지 않는다.

몸 만들기

11 등과 다리를 연결한다

❷에서 다트를 바느질한 등과 다리를 겉끼리 맞대고 바느질한다.

Point

곡선 부분의 시접에 미리 가위집을 내면 한결 바느질하기 쉽다.

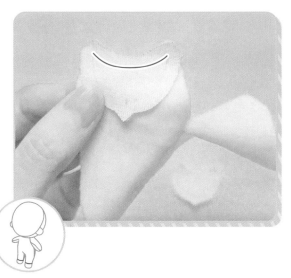

12 몸과 발등을 연결한다

몸의 다리 끝과 발등을 겉끼리 맞대고 바느질한다.

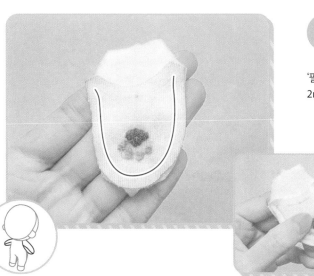

13 팔을 바느질한다

'팔(위)'와 '팔(아래)'를 겉끼리 맞대고 바느질한다. 시접을 2mm 정도 남기고 잘라낸 뒤 겉으로 뒤집는다.

알아두면
좋은 팁

아래를 향하는 팔과 정면을 향하는 팔

이 책에는 손바닥이 아래를 향하는 팔과 정면을 향하는 팔의 도안을 함께 실었다. 만드는 방법은 두 가지 모두 간단하다. 원하는 모양의 팔 도안을 사용하면 된다. 팔 도안은 p.99를 참고하자!

아래를 향하는 팔

정면을 향하는 팔

손바닥이 아래를 향하는 팔은 자연스러운 자세를 연출할 수 있다. 보통 솜인형은 팔이 아래를 향하는 경우가 많다.

손바닥이 정면을 향하는 팔은 기본 자세에서도 손바닥에 장식한 자수가 잘 보인다.

정면을 향하는 팔 만드는 방법

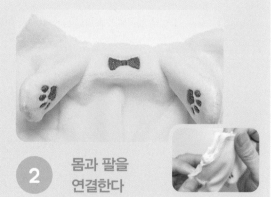

1 정면 방향의 팔을 바느질한다

원단에 정면 방향의 팔 도안을 옮겨 그린 뒤 자른다. 바깥쪽 팔과 안쪽 팔을 겉끼리 맞대고 바느질한다. 시접을 2mm 정도 남기고 잘라낸 뒤 겉으로 뒤집는다.

2 몸과 팔을 연결한다

좌우를 틀리지 않도록 주의하면서 팔을 몸에 연결한다. 위치를 잘 확인하면서 몸과 팔을 바느질한다.

26

14   몸과 등을 연결한다

⑪에서 만든 등을 ⑫에서 만든 몸의 양끝에 맞춰 겉끼리 맞대고 바느질한다.

15   몸과 팔을 연결한다

⑬에서 만든 팔을 ⑭에서 만든 몸에 맞춤점 표시를 맞춰 연결한다. 이때 겉끼리 맞대기 쉽도록 팔은 겉으로 뒤집는다. 위치를 잘 확인하면서 몸과 팔을 바느질한다.

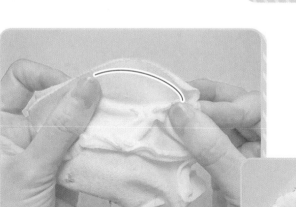

16   등을 바느질한다

몸의 등 부분을 겉끼리 맞대고 엉덩이부터 맞춤점 표시까지 바느질한다.

Point

인형 뼈대를 넣지 않을 때는 등 전체를 바느질하자.

27

17 등을 중심에 맞춘다

⑯에서 바느질한 등의 솔기가 몸 중심에 오도록 맞춘다.
이때 다리 부분의 원단도 잘 맞추자.

Point

다리가 시작되는 부분의
시접에 가위집을 내면 한
결 바느질하기 쉽다.

18 다리 안쪽을 바느질한다

다리 부분의 원단이 잘 맞춰졌는지 한 번 더 확인한 뒤
다리 안쪽을 바느질한다.

Point

다리가 시작되는 부분은
원단 사이의 틈이 별로 없
으니 한 땀 한 땀 꼼꼼하게
바느질하자.

19 발바닥을 연결한다

몸의 다리 끝을 벌려 발바닥의 맞춤점 표시를 다리의 솔
기에 맞춘다. 위치가 어긋나지 않도록 시침 클립 등으로
고정한 뒤 빙 둘러 바느질한다.

20 시접에 가위집을 낸다

한번 겉으로 뒤집어 바느질이 잘 되었는지 확인한 뒤 다시 안으로 뒤집어 곡선 부분과 각진 부분의 시접에 가위집을 낸다. 가위집을 내면 겉으로 뒤집었을 때 원단이 팽팽해지거나 뻣뻣해지는 것을 방지할 수 있다.

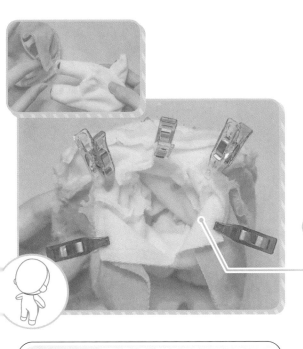

21 머리와 몸을 연결하고 겉으로 뒤집는다

몸을 겉으로 뒤집어 겉끼리 맞댄 머리 안에 넣는다. 맞춤점 표시를 확인하면서 목둘레를 맞춰 바느질한다. 턱 중심에서 시작해 좌우 양끝으로 바느질하면 위치가 잘 어긋나지 않는다. 여기까지 완성했다면 머리를 겉으로 뒤집는다.

Point

겉으로 뒤집을 때는 겸자 등을 사용해 세밀한 부분과 발 끝까지 꼼꼼히 뒤집자.

몸에 솜 채우기

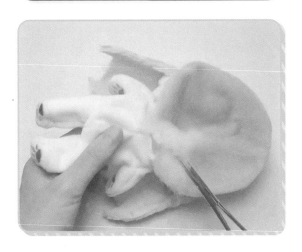

22 손발 끝에 솜을 채운다

손발 끝에 솜을 채운다. 겸자 등을 사용해 끝부분까지 꼼꼼히 솜을 채우자. 인형 뼈대는 이 단계에서 넣으면 된다.

인형 뼈대 넣는 방법은
p.94~95를 참고하자!

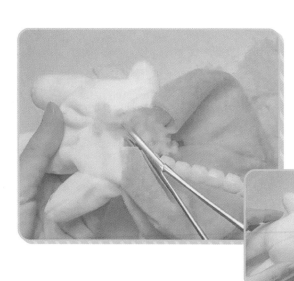

23 몸에 솜을 채우고
바느질한다

몸을 중심으로 솜을 채운다. 인형 뼈대를 넣었다면 뼈대를 감싸듯이 솜을 채운다. 솜을 채운 뒤 등을 공그르기한다.

Point

솜을 적게 넣으면 주름이 생길 수도 있다. 솜을 빵빵하게 채워야 실루엣이 예쁘게 완성된다.

 알아두면 좋은 팁 **구름솜과 방울솜의 차이**

솜은 겉으로 보이지 않지만 솜인형을 만들 때 중요한 요소 중 하나다. 솜의 종류나 채우는 양에 따라 촉감과 탄탄한 정도가 달라지므로 구분해 사용하면 좋다.

구름솜	방울솜

구름솜은 어디서든 쉽게 구할 수 있으며 솜인형을 만들 때도 많이 사용한다. 압축되어 있는 솜부터 세탁이 가능한 솜까지 종류도 다양하다.	방울솜은 세밀한 부분에도 쉽게 채워 넣을 수 있으며 실루엣이 예쁘게 완성된다. 완성도 있는 솜인형을 만들고 싶은 사람에게 추천한다.

엉덩이 모양 만들기

24 다리 사이에 바늘을 꽂아 등으로 뺀다

겉에서 잘 보이지 않는 다리 사이에 바늘을 꽂아 목에서 3cm 정도 아래에 있는 등으로 뺀다.

> **Point**
> 긴 바늘을 사용하면 쉽게 모양을 만들 수 있다. 실이 끊어지지 않도록 튼튼한 재봉실을 사용하자.

25 등에 바늘을 꽂아 다리 사이로 뺀다

등으로 바늘을 뺐다면 바로 옆에 바늘을 꽂아 다리 사이로 뺀다. 이때 실은 인형의 몸 안을 통과한다.

26 한 번 더 등에 바늘을 꽂아 다리 사이로 뺀다

다리 사이로 바늘을 뺐다면 한 번 더 등에 바늘을 꽂는다. 이때 바깥쪽으로 나온 실을 엉덩이 솔기에 맞추며 다리 사이로 바늘을 뺀다.

> **Point**
> 등에 바늘을 꽂으면서 엉덩이가 시작되는 부분을 손가락으로 눌러 입체감을 살려 보자.

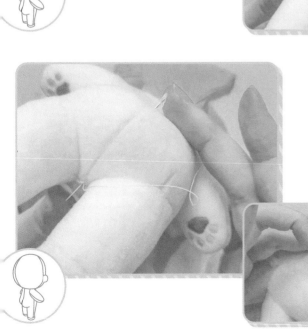

31

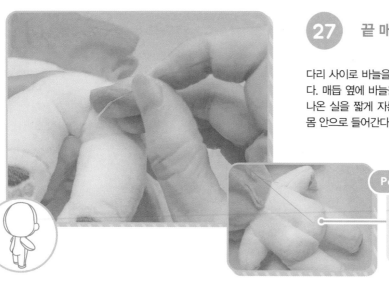

27 끝 매듭을 짓는다

다리 사이로 바늘을 뺐다면 실을 잡아당겨 매듭을 짓는
다. 매듭 옆에 바늘을 꽂아 적당한 위치에서 뺀다. 삐져
나온 실을 짧게 자른 뒤 가볍게 문지르면 실이 인형의
몸 안으로 들어간다.

Point

엉덩이에 주름이 생겼을 때
는 불룩한 부분에 솜을 추가
하면 주름이 없어진다.

머리에 솜 채우기

28 머리에 솜을 채운다

인형 뼈대를 넣었다면 뼈대를 감싸듯이 솜을 채운다.
얼굴 윤곽 등을 확인하면서 솜을 채워 모양을 다듬는다.

Point

얼굴 윤곽은 솜을 채울 때
놓치기 쉬운 부분이다. 잘
확인하면서 솜을 채우자.

29 뒤통수를 공그르기한다

솜을 넣었다면 뒤통수를 공그르기한다. 뒷머리가 있을
때는 뒷머리를 내리면 솜인형이 완성된다. 미처 솜을 채
우지 못한 부분은 없는지 여러 각도로 돌려 보고 만지면
서 전체적으로 확인한 뒤 바느질하자.

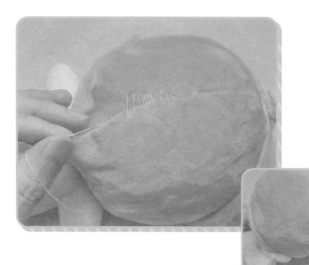

완성도 있는 얼굴 만들기

최애를 닮은 솜인형을
만들어 보자!

Part2에서는 최애의 특징을 파악하는 방법과
얼굴을 자수로 표현하는 방법을 소개한다. 얼
굴 디자인 템플릿도 실었으니 이 책만 따라 하
면 누구나 사랑스러운 얼굴을 만들 수 있다.

최애의 특징 파악하는 방법

1 눈 / 2 표정 / 3 입 / 4 헤어스타일 / 5 눈썹 / 6 매력 포인트 / 7 코

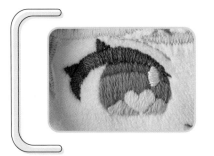

1 ▶▶ 눈

눈은 솜인형의 얼굴 중에서도 인상을 결정짓는 가장 중요한 부분이다. 눈꼬리의 각도나 속눈썹, 아래 속눈썹의 길이, 눈동자의 크기를 잘 관찰하자. 눈 색도 최애의 특징을 잘 나타낼 수 있는 포인트다.

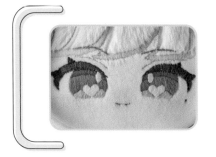

2 ▶▶ 표정

표정은 최애의 성격을 잘 나타낸다. 솜인형의 표정은 눈, 눈썹, 입, 볼터치 등으로 표현할 수 있다. 최애다운 표정이나 가장 좋아하는 최애의 표정을 떠올려 보자.

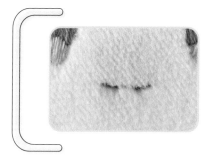

3 » 입

입은 표정을 가장 잘 표현할 수 있는 부분이다. 슬퍼하는 눈이나 곤란해하는 눈썹을 표현해도 결국 표정은 입으로 결정된다. 입은 모양뿐만 아니라 크기에도 변화를 주기 쉽다. 붉은 계열의 실을 사용하면 립스틱을 바른 입술도 표현할 수 있다.

4 » 헤어스타일

헤어스타일은 얼굴 전체에서 차지하는 비중이 커서 눈에 잘 띄는 중요한 포인트 중 하나다. 특히 아이돌은 헤어스타일이 다양하니 먼저 가장 좋아하는 최애의 헤어스타일을 찾아 어떤 구조로 이루어져 있는지 분석하며 관찰하자.

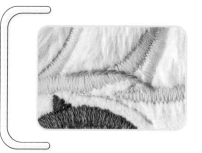

5 » 눈썹

눈썹은 표정을 표현하는 부분 중 하나다. 굵기나 모양 등 캐릭터나 인물에 따라 눈썹이 매력 포인트가 되기도 한다. 눈썹의 각도, 눈썹 앞머리와 눈썹 산의 높이, 미간의 거리를 잘 파악하자.

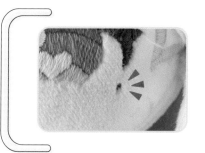

6 » 매력 포인트

솜인형의 얼굴은 눈, 코, 입, 눈썹만으로 이루어져 있는 것이 아니다. 점이나 주근깨, 수염, 보조개 등은 작지만 그 캐릭터나 인물을 나타내는 중요한 매력 포인트다. 놓치는 일이 없도록 주의 깊게 관찰하자.

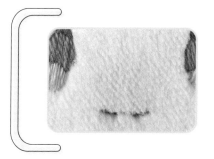

7 » 코

솜인형의 얼굴은 코를 생략하는 경우가 많다. 하지만 크기나 모양이 특색 있고 코가 매력 포인트인 캐릭터나 인물도 있다. 코를 무작정 생략하지 말고 자수를 놓거나 원단을 붙여서 표현해 보자.

자유롭게 조합해 보자!

얼굴 디자인 템플릿

여기서는 솜인형의 얼굴 디자인 템플릿을 소개한다.

최애의 눈과 입에 가장 가까운 것을 찾아보자.

템플릿은 실물 크기이므로 도안에 그대로 옮겨 그리면 된다.

모양이나 색을 자유롭게 조합해 나만의 솜인형을 디자인해 보자.

자연스러운 그러데이션으로 표현한 차분한 표정

짧은 눈썹

짧고 뭉툭해 개성 있는 눈썹은 우아하고 차분한 인상을 준다.

×

졸린 눈

눈꺼풀이 무거워 보이는 졸린 눈은 속눈썹을 일부러 넣지 않은 것이 포인트다.

×

세모 입

살짝 벌어진 세모 입은 천진난만한 표정을 표현하기 좋다.

하트 모양 하이라이트의 반짝이는 눈으로 윙크하는 아이돌 표정

처진 눈썹

부드럽게 처진 눈썹은 온화한 인상을 준다. 어떤 솜인형이든 조합하기 좋은 눈썹이다.

×

반짝이는 눈

하이라이트의 모양과 양이 포인트다. 윙크를 뒤집으면 미소 짓는 눈으로도 표현할 수 있다.

×

웃는 입

살짝 보이는 하얀 치아와 활짝 웃고 있는 입은 아이돌 캐릭터에 잘 어울린다.

매력적인 다이아몬드 모양 동공의 장난스러운 표정

아치 눈썹

부드럽게 올라간 아치 눈썹으로 세련미를 더했다.

×

고양이 눈

치켜 올라간 눈꼬리가 귀엽다. 속눈썹의 틈을 표현하는 것이 포인트다.

×

덧니

씩 웃는 입 사이로 살짝 보이는 덧니가 개성적인 입이다.

달이 반짝이는 눈동자로 가만히 바라보는 귀여운 표정

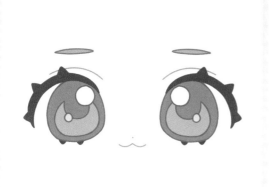

일자 눈썹

한국의 아이돌 솜인형에서 많이 볼 수 있는 일자 눈썹은 부드러운 인상을 준다.

×

동그란 눈

눈꼬리를 내려 가만히 바라보는 귀여운 표정을 표현한다. 통통한 속눈썹도 귀엽다.

×

고양이 입

'ω'모양의 고양이 입은 변덕스럽고 장난스러운 캐릭터에 잘 어울린다.

돋보이는 아래 속눈썹이 포인트인 섹시한 표정

또렷한 눈썹

반듯하고 또렷한 눈썹은 강인한 인상을 준다.

×

처진 눈

처진 눈꼬리와 아래를 향한 속눈썹이 섹시한 느낌을 준다. 길고 짙은 아래 속눈썹의 존재감이 돋보인다.

×

산 모양 입

산 모양 입은 언짢아 보이는 표정이나 시크한 표정을 표현할 수 있다.

어두운 배색의 눈과 혀를 내민 입이 포인트인 시크한 표정

올라간 눈썹

×

올라간 눈

×

혀를 내민 입

눈썹 산이 치켜 올라간 눈썹은 기울어진 각도와 가느다란 눈썹 꼬리가 포인트다.

고양이 눈보다 가늘고 끝이 올라간 눈꼬리가 시크한 느낌을 준다. 올라간 눈썹과도 매우 잘 어울린다.

장난꾸러기나 개구쟁이 캐릭터에 어울리는 입이다. 혀를 생략하면 미소 짓는 입으로도 표현할 수 있다.

안아주고 싶은 울음이 터질 듯한 표정

팔자 눈썹

×

우는 눈

×

당황한 입

팔자(八字) 모양 눈썹은 곤란한 표정이나 당황한 표정에 잘 어울린다.

금방이라도 눈물이 쏟아질 듯한 눈동자는 일그러진 윤곽과 물방울 모양의 큰 하이라이트가 특징이다.

우는 표정이나 당황한 표정을 표현할 수 있는 입은 덜렁거리거나 소심한 캐릭터에 잘 어울린다.

빨려 들어갈 것 같은 눈동자가 돋보이는 신비로운 표정

굵은 눈썹

×

삼백안

×

살짝 벌린 입

굵고 짙은 눈썹은 존재감이 있어 돋보이는 매력 포인트다.

좌우 및 아래쪽에 흰자가 보이는 삼백안은 어딘가 신비로운 느낌을 준다. 하이라이트가 없는 것도 특징이다.

놀란 것처럼 멍하게 살짝 벌린 입은 천진난만한 느낌도 있어 삼백안의 분위기를 완화해 준다.

자수에 따라 달라지는 인상

솜인형의 생명이라고도 할 수 있는 얼굴은 디자인이나 배색이 같더라도 자수 방법이나 자수실에 따라 인상이 달라진다. 차이를 비교하며 최애와 비슷하게 만들어 보자.

그러데이션 방향

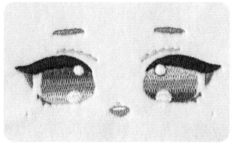

▲

그러데이션의 방향을 진한 색에서 연한 색으로 하면 하이라이트가 돋보여 차분한 인상이 된다.

반짝이실 사용

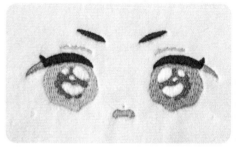

▲

반짝이실을 하이라이트에 사용하면 촉촉한 느낌을 주고, 눈동자에 사용하면 전체적으로 화려한 느낌을 준다.

흰자의 자수 여부

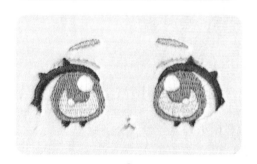

▲

흰자 부분에 자수를 놓으면 눈동자가 강조되어 인상이 더욱 또렷해진다. 자수를 놓지 않으면 자연스러워 보인다.

쌍꺼풀과 눈꼬리 색

▲

쌍꺼풀이나 눈꼬리 및 점막을 모두 검은색으로 표현하면 또렷하고 시원시원한 인상이 된다.

귀여운 솜인형의 가장 중요한 부분!

솜인형 얼굴 만드는 방법

솜인형의 생명이라고도 할 수 있는 얼굴 만드는 방법을 소개한다.

솜인형의 인상을 결정짓는 얼굴은 매우 중요한 과정이다.

그러니 더욱 꼼꼼하게 만들어 보자.

도안은 p.98을 참고하자.

준비하기

1 접착 심지를 붙인다

피부 원단의 안면에 접착 심지를 붙인다. 접착 심지를 붙이면 자수를 놓았을 때 원단이 쉽게 뒤틀리지 않는다. 다리미로 붙이기 전에 자수 도안을 대고 위치를 확인해 두자.

2 얼굴과 앞머리 도안을 옮겨 그린다

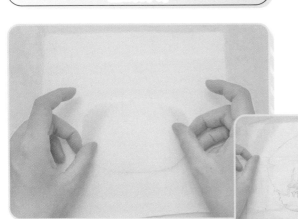

재단선을 따라 얼굴과 앞머리 도안을 자른다. 결 방향을 확인한 뒤 헤어 원단의 안면에 얼굴과 앞머리 도안을 나란히 올리고 옮겨 그린다. 앞머리에 자수를 놓지 않을 때는 ④로 넘어간다.

Point

원단이 안면이므로 도안도 뒤집어 올려서 옮겨 그린다. 좌우대칭인 헤어스타일이 아닐 때는 주의하자.

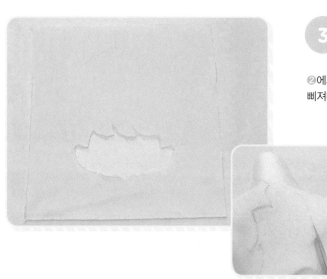

3 얼굴 부분을 잘라낸다

❷에서 옮겨 그린 얼굴 부분을 잘라낸다. 잘라낸 부분에 삐져나온 털이 있다면 깔끔하게 다듬는다.

얼굴 만들기

4 원단을 자수틀에 끼운다

❶에서 준비한 피부 원단과 ❸에서 준비한 헤어 원단, 도안을 옮겨 그린 자수 심지를 각각 겉면이 위로 오게 겹쳐 자수틀에 끼운다. 자수 심지는 ❸에서 잘라낸 부분에 맞춘다.

Point

앞머리에 자수를 놓지 않을 때는 피부 원단과 자수 심지만 자수틀에 끼우자.

5 재단선을 따라 시침질한다

재단선을 따라 시침질한다. 시침질은 나중에 도안을 옮겨 그릴 때 기준이 되기도 한다. 자수틀에서 조금 벗어나더라도 다트 부분만 정확히 맞추면 된다.

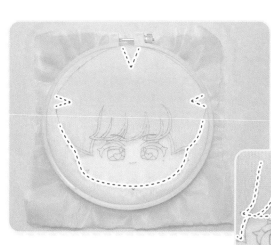

Point

재봉틀을 사용해 앞머리와 얼굴을 연결할 때는 앞머리도 시침질해 두자.

⑥ 얼굴에 자수를 놓는다

얼굴과 앞머리에 자수를 놓는다

얼굴 자수 놓는 방법은 p.44를,
앞머리 자수 놓는 방법은 p.58을 참고하자!

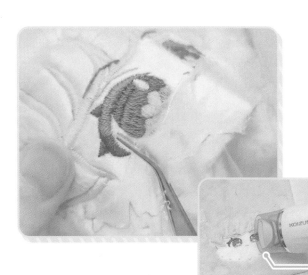

⑦ 자수 심지를 떼어낸다

자수틀에서 원단을 분리한 뒤 자수 심지를 떼어낸다. 자수를 놓은 부분부터 조금씩 뜯어내면 된다. 작은 틈이 많아 자수 심지를 제거하기 어려울 때는 물에 담가 녹인다.

Point

도안을 옮겨 그릴 때 열펜을 사용하면 헤어드라이어의 열로 틈에 남은 자수 심지의 잉크를 지울 수 있다.

⑧ 삐져나온 털을 자른다

앞머리 자수에서 삐져나온 털을 자른다. 피부 원단도 입이나 점 같은 작은 자수는 털에 묻혀 윤곽이 희미해질 수 있어 주변의 털을 잘라 다듬는다.

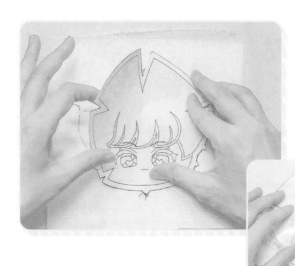

⑨ 도안을 옮겨 그린다

원단을 뒤집은 다음 시침질한 위치를 기준으로 도안을
옮겨 그린다. 이때 완성선도 옮겨 그리자.

⑩ 원단을 자른다

⑨에서 옮겨 그린 재단선을 따라 원단을 자른다.

 알아두면
좋은 팁 **귀밑머리나 옆머리가 있을 때**

얼굴에서 삐져나온 머리는 앞머리
도안을 따라 자른다. 원단을 자를
때 잘못해서 얼굴과 함께 자르는
일이 없도록 주의하자.

천천히 한 땀 한 땀 꼼꼼하게!

얼굴 자수 놓는 방법

얼굴 자수는 솜인형에서 가장 돋보이는 중요한 부분이다.
시간이 걸리더라도 한 땀 한 땀 꼼꼼하게 자수를 놓자.
자수 방법이나 스티치에 정답은 없다.
자수에 익숙해지면 다양한 방법을 시도해 보자 ♪

눈 자수 놓기

1. 테두리를 따라 자수를 놓는다

자수실 한 가닥을 사용해 도안의 테두리를 따라 아웃라인 스티치나 백 스티치로 자수를 놓는다. 이때 도안의 배색에 맞게 다른 색의 실로 구분한다. 하이라이트와 동공은 실을 자르지 않고 그대로 이어 새틴 스티치로 채운다.

Point

새틴 스티치는 테두리를 가로지르며 수놓으면 라인이 깔끔하게 정리된다.

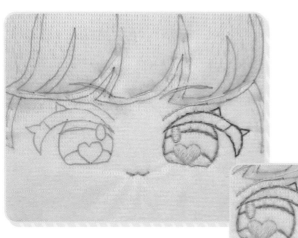

2. 쌍꺼풀, 입, 점에 자수를 놓는다

쌍꺼풀은 실 한 가닥을 사용해 아웃라인 스티치로 세심하게 자수를 놓는다. 입은 한 가닥, 점은 두 가닥을 사용해 스트레이트 스티치로 자수를 놓는다.

3 아이라인과 속눈썹을 채운다

실 두 가닥을 사용해 아이라인을 새틴 스티치로 채운다. 처음에 일정한 간격으로 가이드라인을 수놓아 두면 스티치 방향과 각도가 잘 틀어지지 않는다.

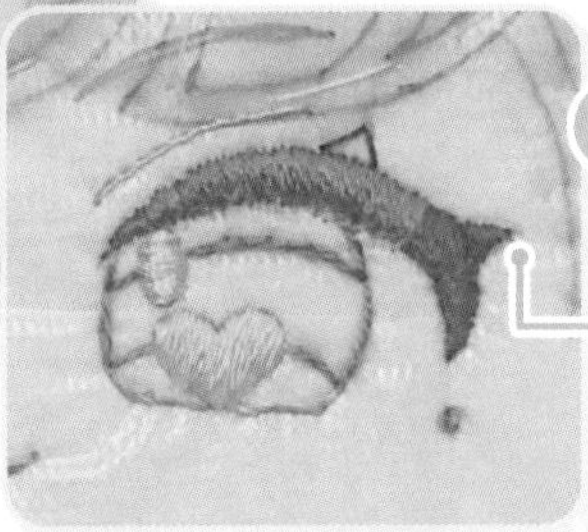

Point

아이라인의 눈꼬리에 이어 속눈썹도 새틴 스티치로 자수를 놓는다.

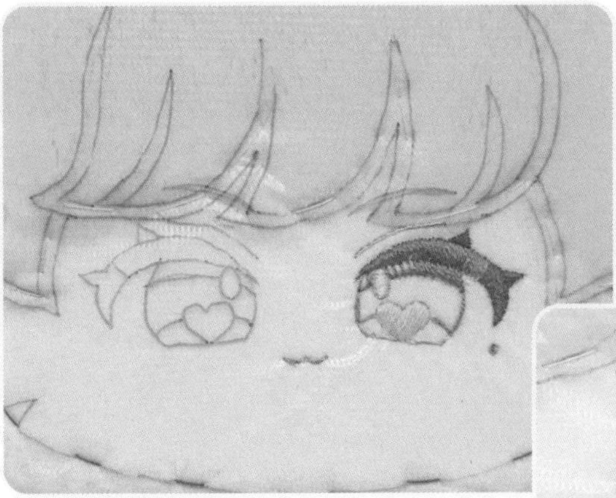

4 눈동자 안을 채운다

눈동자의 가장 윗부분을 새틴 스티치로, 가운데 부분을 롱 앤드 쇼트 스티치로 채운다. 마지막으로 반사광은 새틴 스티치로 채운다. 여기서는 모두 실 한 가닥을 사용한다.

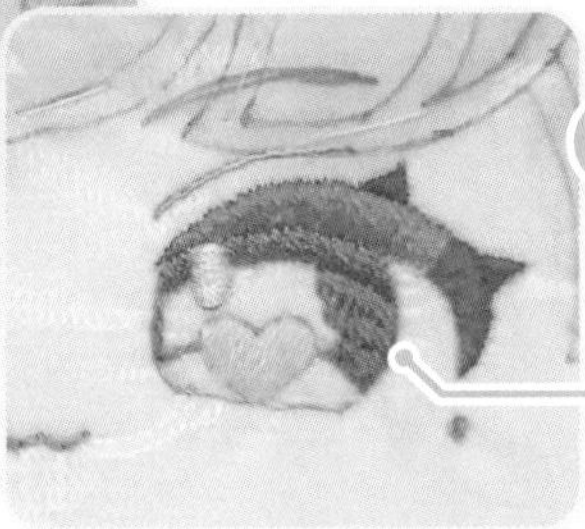

Point

롱 앤드 쇼트 스티치의 폭을 짧게 하면 재봉틀로 자수를 놓은 것처럼 깔끔하게 완성할 수 있다.

눈썹 자수 놓기

5 눈썹에 자수를 놓는다

앞머리 자수를 놓은 뒤 눈썹에 자수를 놓는다. 실 한 가닥을 사용해 아웃트라인 스티치로 자수를 놓는다. 폭이 넓은 눈썹은 도안의 테두리를 따라 자수를 놓은 뒤 새틴 스티치로 채우면 된다.

face

눈동자가 또렷해지는

눈동자 테두리 자수 놓는 방법

앞에서는 아웃라인 스티치로 테두리를 따라
자수를 놓은 뒤 눈동자 안을 채우는 방법을 소개했다.
여기서는 새틴 스티치로 눈동자 테두리에
자수를 놓는 방법을 소개한다.

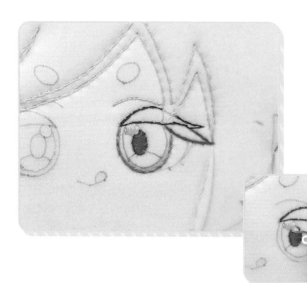

① 테두리를 따라 자수를 놓는다

자수실 한 가닥을 사용해 도안의 테두리를 따라 아웃라인 스티치나 백 스티치로 자수를 놓는다. 이때 도안의 배색에 맞게 다른 색의 실로 구분한다. 하이라이트와 동공은 실을 자르지 않고 그대로 이어 새틴 스티치로 채운다.

Point

새틴 스티치는 테두리를 가로지르며 수놓으면 라인이 깔끔하게 정리된다.

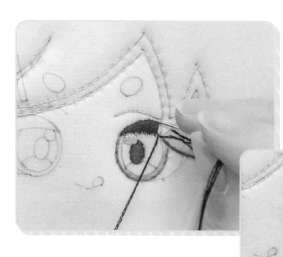

② 아이라인과 속눈썹을 채운다

실 두 가닥을 사용해 ①에서 수놓은 테두리를 가로지르며 아이라인을 새틴 스티치로 채운다. 앞머리와 겹치는 부분에는 자수를 놓지 않는다.

Point

점막 부분은 테두리에 자수를 놓은 뒤 그대로 이어 새틴 스티치로 채운다.

46

3   눈동자 안을 채운다

실 한 가닥을 사용해 눈동자에 아웃라인 스티치로 자수를 놓는다. 이어서 롱 앤드 쇼트 스티치로 눈동자 안을 채운다.

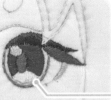

Point

반사광은 실 한 가닥을 사용해 새틴 스티치로 채운다.

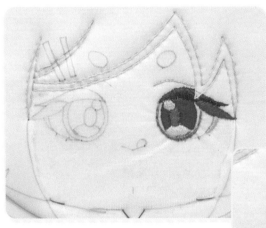

4   눈동자 테두리를 채운다

❶의 바깥쪽에서 바늘을 빼서 ❸의 끝에 꽂는다. 구간을 나눈다는 느낌으로 가이드라인을 수놓은 뒤 사이를 채워 나가면 방사형으로 깔끔하게 완성할 수 있다.

Point

눈동자 테두리와 눈동자 사이에 틈이 생기지 않도록 주의하자.

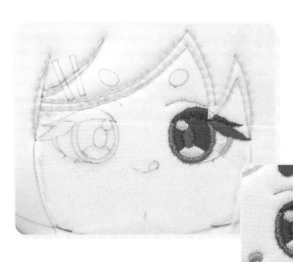

5   흰자와 아래 속눈썹에 자수를 놓는다

실 한 가닥을 사용해 흰자를 새틴 스티치로 채운다. 점막 끝에서 바늘을 빼서 ❹의 끝에 꽂는다. 마지막으로 실 한 가닥을 사용해 스트레이트 스티치로 아래 속눈썹에 자수를 놓으면 완성이다.

부드러운 색 변화가 아름다운

그러데이션으로
눈을 표현하는 방법

여기서는 그러데이션으로
솜인형의 눈을 표현하는 방법을 소개한다.
아름다운 그러데이션으로
완성도 있는 솜인형을 만들어 보자.

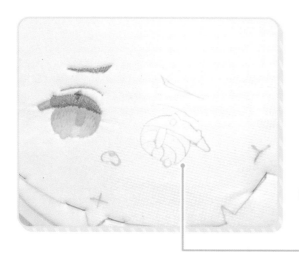

1 자수 심지에 도안을 옮겨 그린다

자수 심지에 얼굴 도안을 옮겨 그린다. 그러데이션의 구분선도 그려 둔다.

Point
색이 바뀌는 단계가 많을
수록 부드러운 그러데이션
을 표현할 수 있다.

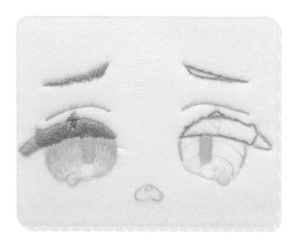

2 테두리를 따라 자수를 놓는다

자수실 한 가닥을 사용해 도안의 테두리를 따라 아웃라인 스티치나 백 스티치로 자수를 놓는다. 이때 도안의 배색에 맞게 다른 색의 실로 구분한다. 하이라이트와 동공은 실을 자르지 않고 그대로 이어 새틴 스티치로 채운다.

3 아이라인과 속눈썹을 채운다

실 두 가닥을 사용해 아이라인을 새틴 스티치로 채운다.
취향에 따라 한 가닥으로 수놓아도 상관없다.

Point

옆으로 넓은 속눈썹이라 아이라
인과 함께 속눈썹도 세로 방향으
로 수놓았다.

4 눈동자 윗부분을 채운다

롱 앤드 쇼트 스티치로 눈동자의 넓은 윗부분을 채운다.
길이를 일정하게 맞춰 가며 수놓으면 깔끔하고 예쁘게
마무리된다. 여기서는 실을 두 가닥 사용했는데 한 가닥
을 사용하면 더 섬세한 그러데이션을 표현할 수 있다.

Point

아이라인과 눈동자 사이에 틈이
생기지 않도록 바늘을 아이라인
끝에 꽂아야 한다.

5 눈동자 가운데 부분과
아랫부분을 채운다

눈동자 가운데 부분은 윗부분과 길이를 맞춰 가며 아래
에서 바늘을 빼서 윗부분과 같은 위치에 꽂는다. 눈동자
아랫부분은 테두리 바깥쪽에서 바늘을 빼서 가운데 부
분과 같은 위치에 꽂는다.

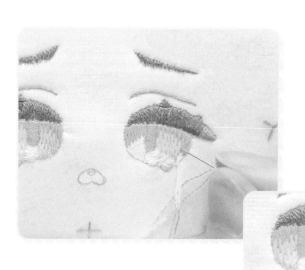

살짝 물든 피부가 귀여운

메이크업하는 방법

솜인형의 볼과 코끝에 메이크업하면
원단의 색이나 자수로는 표현하기 어려운
자연스러운 혈색을 표현할 수 있다.
메이크업 포인트와 팁을 참고해
완성도 있는 얼굴을 만들어 보자.

준비하기

1 **도료와 브러시를 준비한다**

메이크업에 사용할 파우더 타입 도료와 브러시를 준비
한다. 사람이 사용하는 블러셔를 사용할 때는 탤크와 같
은 유분이 들어 있지 않은 제품을 고르자.

사용한 재료

● 피규어용 파우더 타입 도료

메이크업하기

2 **도료를 브러시에 살짝 묻힌다**

도료를 가볍게 두드려 브러시에 살짝 묻힌다. 너무 많이
묻혔다면 휴지나 원단 자투리로 닦아 도료의 양을 알맞
게 조절한다.

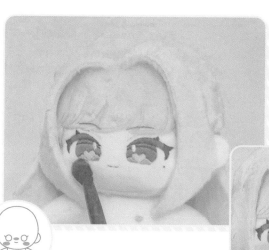

3 도료를 얼굴에 바른다

솜인형의 볼과 코끝에 도료를 가볍게 톡톡 바른다.

Point

원단이나 도료의 종류에 따라 발색이 다르므로 솜인형에 바르기 전 피부 원단 자투리로 먼저 시험해 보면 좋다.

알아두면
좋은 팁 **몸 메이크업 포인트**

얼굴 메이크업을 마쳤다면 몸 메이크업에도 도전해 보자. 몸에도 메이크업하면 자연스러운 혈색이 더해져 더욱 귀여운 솜인형으로 완성할 수 있다.

손·발끝	가슴·배꼽 주변

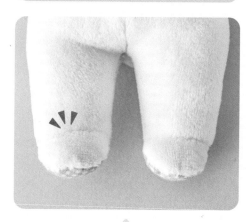

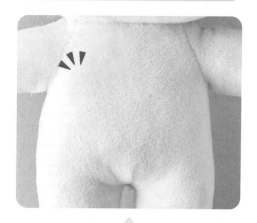

▲

옷을 입어도 살짝 보이는 손과 발에 메이크업으로 포인트를 주자.

▲

가슴이나 배꼽 주변에 메이크업하면 입체감을 더할 수 있다.

라인스톤으로 반짝이는 눈동자 만들기

더욱 반짝이는 눈을 완성하고 싶다면 라인스톤을 사용해 보자.
자수로는 표현할 수 없는 반짝임을 연출할 수 있다.
딱딱한 질감의 라인스톤은 크기가 작아도 원단이나 자수실 위에서 돋보인다.

준비물

- 라인스톤(원하는 색과 크기로 선택)
- 수예용 풀
- 이쑤시개
- 핀셋

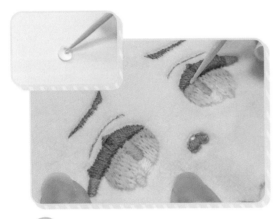

① 수예용 풀을 바른다

풀이 지나치게 많이 발리지 않도록 종이 등에 짠 다음
이쑤시개에 묻혀 바른다.

② 라인스톤을 올린다

핀셋을 사용해 ①에서 원단에 바른 풀 위에 라인스톤을
올리고 꾹 누른다.

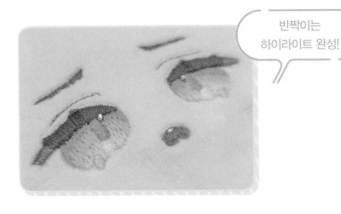

반짝이는
하이라이트 완성!

완성도 있는
헤어스타일 만들기

부위별로 나누어
이해하면 만들기 쉽다!

Part3에서는 다양한 헤어스타일 만드는
방법을 소개한다. 솜인형 헤어의 구조를
확실히 이해하고 최애와 비슷한 헤어스
타일을 찾아 만들어 보자!

Making stuffed nui's hairstyles

헤어스타일 카탈로그

이 책의 도안으로 만들 수 있는 헤어스타일을 소개한다.
앞머리 · 뒷머리 · 끼워 넣는 부위 · 덧붙이는 부위를 조합하면
더욱 다양한 헤어스타일을 표현할 수 있다.

Style 01
트윈 테일 & 포니 테일

만드는 방법
p68 · p69~71
도안
p100~101

Style 02
당고 머리

만드는 방법
p68 · p72~73
도안
p100~101

Style 03
땋은 머리

만드는 방법
p68 · p74~75
도안
p100~101

Style 04
퐁파두르 & 긴 머리

만드는 방법
p76~77
도안
p102 · 110

Style 05
반묶음 & 더듬이 머리

만드는 방법
p78~80
도안
p103 · 107 · 110

Style 06
삐죽 머리

만드는 방법
p81~82
도안
p104

Style 07
올백 & 울프 커트

만드는 방법
p83~84
도안
p105 · 110~111

Style 08
비대칭 머리

만드는 방법
p85~86
도안
p107 · 111

Style 09
쉼표 머리

만드는 방법
p68
도안
p106

Style 10
풀뱅 & 보브 커트

만드는 방법
기본 솜인형 만드는
방법을 참고하재!
도안
p108

헤어스타일을 만들기 위해 구조를 이해하자!

솜인형 헤어 구조

1 앞머리

2 끼워 넣는 부위

3 뒤통수

4 덧붙이는 부위

5 뒷머리

1 ▸▸ 앞머리

앞머리는 얼굴의 인상을 결정짓는 중요한 부위다. 얼굴과 겹쳐 뒤통수에 연결한다. 안감을 덧대거나 얼굴에 자수로 연결하기도 한다. 기본적으로는 한 장으로 이루어져 있다.

2 ▸▸ 끼워 넣는 부위

얼굴과 뒤통수를 연결할 때 끼워 넣는 부위다. 소프트보아와 같은 원단을 사용할 때, 원단의 털만으로는 나타낼 수 없는 위로 솟은 머리를 표현하기 위해 사용한다. 포인트 머리도 끼워 넣는 부위에 포함된다.

3 ▸▸ 뒤통수

뒤통수는 원단 두 장을 연결해서 만든다. 특별히 목덜미 머리가 없는 캐릭터는 뒷머리를 붙이지 않고 뒤통수만으로 헤어스타일을 표현하면 깔끔하게 완성할 수 있다.

4 ▸▸ 덧붙이는 부위

솜인형 머리를 만든 뒤에 덧붙이는 부위다. 나중에 덧붙이는 부위인 만큼 떼어내서 위치를 바꾸거나 다른 부위로 변경해 헤어스타일을 바꿀 수도 있다.

5 ▸▸ 뒷머리

뒷머리는 긴 머리를 만들 때 사용하는 부위다. 뒤통수와 겹쳐 얼굴에 연결한다. 앞쪽에서 보면 뒷머리 원단의 안면이 보이기 때문에 뒷머리에 안감을 덧대면 더 깔끔하게 완성할 수 있다.

바느질만으로도 만들 수 있다!

앞머리 자수 놓는 방법

자수로 연결한 앞머리는 한 · 중 솜인형의 주요 특징이다.
시간은 오래 걸리지만 손바느질만으로도 만들 수 있다.
헤어 원단에 어울리는 자수실을 선택해
앞머리 자수에 도전해 보자.

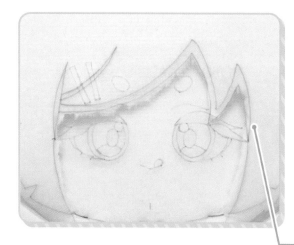

1 원단과 자수 심지를 자수틀에 끼운다

피부 원단과 헤어 원단, 얼굴과 앞머리 도안을 옮겨 그린 자수 심지를 겹쳐 자수틀에 끼운다. 자수 심지에 도안을 옮겨 그릴 때 앞머리 자수 도안도 그려 두자. 앞머리 재단선에서 5mm 안쪽으로 그리면 된다.

Point

반드시 헤어 원단을 자수 놓는 위치에 맞춰야 한다. 만약 어긋난다면 자수틀에 고정한 뒤에 도안을 넓히거나 위치에 맞게 수정해도 된다.

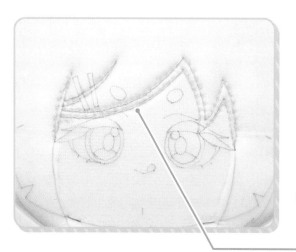

2 앞머리 테두리를 따라 자수를 놓는다

자수실 한 가닥을 사용해 ❶에서 옮겨 그린 앞머리 자수 도안의 테두리를 따라 아웃라인 스티치로 자수를 놓는다. 헤어 원단을 고정할 수 있게 안쪽 테두리를 먼저 수놓으면 좋다. 앞머리 테두리에 자수를 놓으면 자수 심지가 원단에 고정되어 눈에 자수를 놓기 수월해진다.

Point

재봉틀을 사용할 때는 헤어 원단을 고정할 수 있게 테두리를 따라 시침질해 두자.

3 눈에 자수를 놓는다

앞머리 테두리에 자수를 놓았다면 눈에 자수를 놓는다.
헤어핀 등 액세서리가 있을 때는 액세서리에도 자수를
놓는다.

자수를 놓을 때는 두께를
고려하자. 자수가 겹치면
두께가 두꺼워지므로 앞
머리와 눈이 겹칠 때는 앞
머리에만 자수를 놓는다.

4 가이드라인을 수놓는다

실 두 가닥을 사용해 새틴 스티치로 테두리를 가로지르
며 자수를 놓는다. 먼저 구간을 나눈다는 느낌으로 가이
드라인을 수놓아 두면 사선으로 자수를 놓지 않도록 방
지할 수 있다.

5 앞머리 테두리를 채운다

가이드라인을 기준으로 삼아 테두리를 가로지르며 사이
를 채워 나간다.

재봉틀을 사용할 때는 지그재그
스티치로 자수를 놓는다. 바늘땀은
0.3~0.4mm로 작게 설정하고 도
안에 맞춰 땀 폭을 바꿔 가면서 진
행한다.

안 보이는 부분까지 신경 쓰자!

원단 안감 덧대는 방법

원단 안면에 안감을 덧대는 이유는 원단을 튼튼하게 하거나
두껍게 만들어 모양을 유지하기 위해서다.
안감을 덧댈 때는 털이 없는 원단이 가장 적합하지만,
안면이 잘 보이는 긴 머리는 헤어 원단을 덧대도 된다.

1 원단에 도안을 올린다

재단선을 따라 도안을 자른다. 원단의 결 방향을 확인하
고 원단 안면에 도안을 올린다. 원단의 끝부분은 조금
여백을 둔다.

Point

안면에서 작업하기 때문에 좌우대칭인
헤어스타일이 아닐 때는 주의하자.

2 열접착 시트와 안감 원단의 위치를 확인한다

안감 기준선을 모두 덮을 수 있는 크기로 안감 원단을
자른다. 열접착 시트는 안감 원단 밖으로 삐져나오지 않
도록 조금 작은 크기로 준비한다. 열접착 시트 위에 안
감 원단을 겉면이 보이도록 겹쳐 올린다.

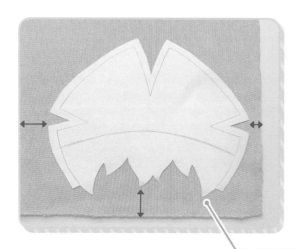

Point

안감 기준선은 참고만 하자. 완성했
을 때 보이지 않아 위치는 조금 어
긋나도 된다. 다만 헤어 끝은 확실히
덮어야 한다.

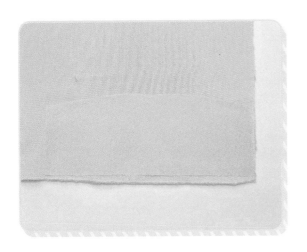

3 원단을 붙인다

도안을 뺀 뒤 다리미로 열을 가해 안감 원단을 붙인다. 주름이 지거나 덜 붙은 부분은 없는지 꼼꼼하게 확인하자.

4 도안을 옮겨 그린 뒤 원단을 자른다

도안에 표시된 안감 기준선을 ❸에서 원단을 붙인 부분에 맞추고 도안을 옮겨 그린다. 도안을 따라 원단을 자르면 완성이다.

 알아두면 좋은 팁

원단의 두께 차이를 줄이는 방법

안감을 덧대면 원단을 붙인 부분과 그렇지 않은 부분에 두께 차이가 생긴다. 보아 원단처럼 두꺼운 원단은 두께 차이가 두드러지게 된다. 이럴 때는 두께 차이가 생긴 부분의 털을 자르면 자연스러워진다.

hairstyle

다양한 헤어스타일을 표현할 수 있다!

끼워 넣는 부위
붙이는 방법

귀엽게 솟은 삐죽 머리 등을 표현하기 좋은
끼워 넣는 부위는 앞쪽과 뒷쪽에서 모두 보인다.
따라서 원단 두 장을 붙이면 더 깔끔하게 완성할 수 있다.
털 길이가 긴 5mm 벨보아 원단끼리 붙이는 방법을 알아보자.

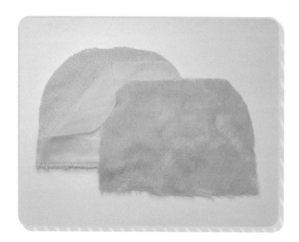

1 원단을 붙인다

끼워 넣는 부위 도안이 들어가는 크기의 원단을 두 장
준비한다. 열접착 시트를 사용해 원단을 안면끼리 맞대
어 붙인다.

원단을 붙이는 방법은
p.60~61을 참고하자.

2 원단에 도안을 고정한다

❶에서 붙인 원단에 도안을 고정한다. 나중에 도안을 떼
어낼 때 원단이 상하지 않도록 마스킹 테이프로 고정하
는 것을 추천한다.

 3 도안을 따라
원단을 자른다

벨보아 원단의 겉면에는 초크펜을 사용할 수 없기 때문에 고정한 도안을 따라 원단을 자른다.

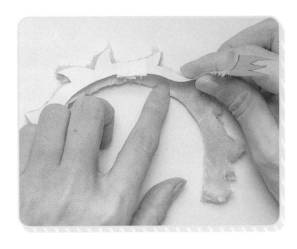

 4 도안을 떼어낸다

원단이 상하지 않도록 주의하며 도안을 천천히 떼어낸다.

 5 털을 다듬는다

삐져나온 털을 잘라 실루엣을 다듬는다.

아름다운 그러데이션을 만들자!

원단 염색하는 방법

최애의 머리 색을 그대로 재현하고 싶거나 그러데이션을 표현하고 싶을 때
원단을 직접 물들이면 원하는 색이나 그러데이션을 만들 수 있다.
원단을 염색할 때는 염료뿐만 아니라 원단의 색상 선택도 중요하다.

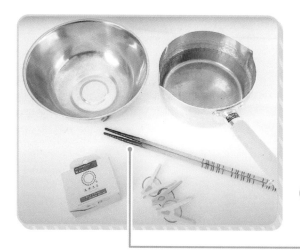

 1 도구를 준비한다

원하는 색의 염료, 볼과 같은 내열 용기, 냄비, 긴 젓가락, 빨래집게 또는 커튼 클립을 준비한다. 고무장갑과 종이컵도 있으면 편리하다.

Point

도구는 원단과 함께 물들기 때문에 염색에 사용할 전용 도구를 준비하자.

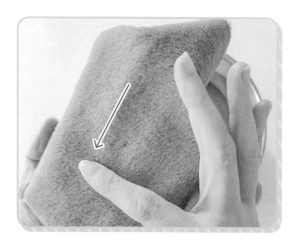

 2 원단의 결 방향을 확인한다

원단을 살살 쓰다듬어 그러데이션을 표현하고 싶은 원단의 결 방향을 확인한다. 결 방향이 반대라면 그러데이션 방향도 반대가 된다.

사용한 원단

● 5mm 페이크 퍼

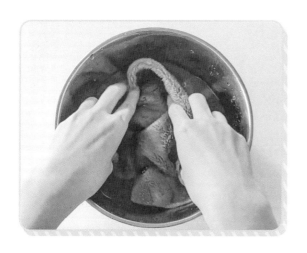

3   원단을 물세탁한다

내열 용기에 물을 넣고 원단을 가볍게 세탁한다.
세제를 사용할 필요는 없다.

4   원단을 건다

빨래집게나 커튼 클립으로 원단을 집어 긴 젓가락에
건다.

알아두면
좋은 팁

빨래집게로 원단을 거는 방법

커튼 클립에는 후크가 달려 있지만, 빨래집게
에는 없다. 빨래집게를 사용할 때는 링에 긴
젓가락을 통과시키면 된다.

젓가락에 원단을 감으면
길이 조절도 가능하다.

5 염색액을 만든다

종이컵 등에 염료를 넣고 따뜻한 물을 조금 붓는다. 따뜻한 물을 조금씩 추가하며 긴 젓가락으로 염료가 녹을 때까지 잘 저어준다.

6 따뜻한 물에 염색액을 녹인다

냄비에 물 600ml를 넣고 끓인 뒤 **5**에서 만든 염색액을 넣는다. 이때 불 세기는 반드시 약불로 맞춰야 한다. 염료와 동봉된 염색 보조제도 염료와 같은 양으로 넣는다.

7 염색하고 싶은 위치까지 원단을 담근다

4의 원단을 염색하고 싶은 위치까지 냄비에 담근다. 이때 원단을 펼친 상태로 넣어야 깔끔하게 염색된다. 오래 담글 때는 긴 젓가락을 고정해 두면 좋다.

Point

담그는 시간에 따라 진하기가 달라진다. 시간에 차이를 두고 조금씩 꺼내 올리면 자연스러운 그러데이션이 만들어진다.

8 원단을 따뜻한 물에
넣고 기다린다

냄비에서 꺼낸 원단을 따뜻한 물을 넣은 내열 용기로 옮긴다. 온도가 내려갈 때까지 그대로 둔다.

Point

폴리에스터는 온도가 급격하게 변하면 주름이 생기므로 반드시 따뜻한 물을 준비하자.

9 세제로 원단을 세탁한다

색이 나오지 않을 때까지 주방 세제를 사용해 원단을 세탁한다.

10 원단을 말린다

세탁한 원단을 타월로 감싸 말린다. 모두 마르면 염색한 부분을 하얀 천으로 문질러 이염되지 않는지 확인한다. 이염된다면 **9**를 반복한다. 검은색이나 진한 색은 물빠짐과 이염을 완전히 방지하지 못할 수도 있다.

삐져나온 머리가 귀여운 매력 포인트!

포인트 머리 만드는 방법

애니메이션이나 만화 캐릭터에서 자주 볼 수 있는
머리 위로 살짝 삐져나온 귀여운 머리나
부스스하게 뻗친 머리는 최애의 중요한 매력 포인트다.
여기서는 포인트 머리를 만드는 방법을 소개한다.

1 원단을 붙인 뒤 자른다

끼워 넣는 부위의 원단 두 장을 붙인 뒤 원하는 도안을
따라 원단을 자른다.

끼워 넣는 부위를 붙이는 방법은
p.62~63을 참고하자.

2 얼굴에 대고 시침질한다

끼워 넣는 부위를 얼굴에 대고 위치를 확인한다. 위치가
어긋나지 않도록 시접에 시침질한다. 뻗친 머리도 같은
방법으로 만든다.

hairstyle

같은 부위로 두 가지 헤어스타일을 만들자!

트윈 테일 & 포니 테일 만드는 방법

기본 헤어스타일인 트윈 테일과 포니 테일은 테일 위치만 바꾸면
같은 부위로 두 가지 헤어스타일을 모두 만들 수 있다.
나중에 덧붙이는 부위인 만큼 취향에 따라 헤어스타일을
바꾸는 재미도 있다. 도안은 p.101을 참고하자.

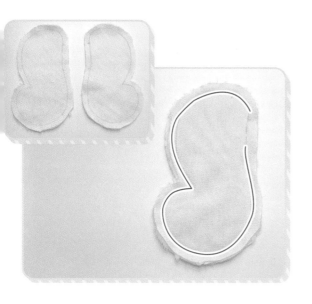

 테일 부위를 바느질한다

원단에 테일 부위의 도안을 옮겨 그린 뒤 자른다. 테일
부위 두 장을 겉끼리 맞대고 바느질한다. 이때 창구멍은
바느질하지 않고 남겨 둔다.

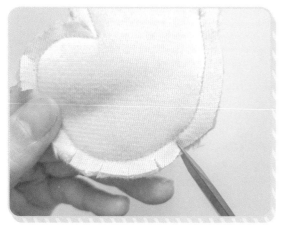

 시접에 가위집을 낸다

곡선 부분의 시접에 가위집을 낸다. 솔기까지 자르지 않
도록 주의하자.

3 테일 부위를 겉으로 뒤집어
솜을 채운다

❷에서 만든 테일 부위를 창구멍을 통해 겉으로 뒤집어
솜을 채운다.

4 창구멍을 막는다

창구멍을 공그르기로 막는다.

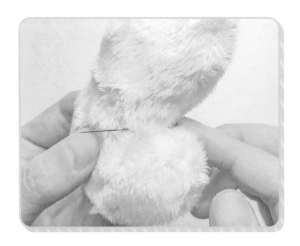

5 자수로 헤어 모양을
표현한다

솔기에 바늘을 꽂아 백 스티치로 자수를 놓는다. 이때
원단 겉면과 안면 모두 백 스티치 모양이 되도록 안쪽에
서 바늘의 각도를 조절하며 꽂는다. 털이 있는 원단이라
면 실이 털에 묻혀 보이지 않으니 조금 비뚤어져도 괜찮
다. 실을 팽팽하게 잡아당기면서 수놓으면 헤어 모양을
표현할 수 있다.

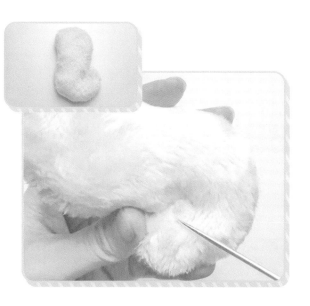

 털을 다듬는다

❺에서 자수를 놓으며 묻힌 털을 바늘이나 송곳을 사용해 빼내면 자수실이 털에 가려져 잘 보이지 않게 된다. 트윈 테일을 만들고 싶을 때는 ❶~❺를 반복해 테일 부위를 하나 더 만든다.

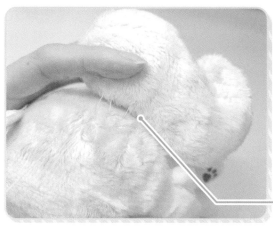

 테일을 달 위치를 확인하고 솜인형에 연결한다

솜을 채운 솜인형의 원하는 위치에 테일 부위를 공그르기로 연결하면 완성이다.

Point

동물 귀와 같은 방법으로 테일을 고무줄에 연결하면 머리에 달거나 떼어내기가 편리하다.

머리 뒤에 달면 포니 테일이 된다!

hairstyle

돌돌 말아 만들자!

당고 머리 만드는 방법

양쪽에 달린 큼직한 당고는 존재감이 있어 시선을 사로잡는다.
여기서는 솜을 채우지 않고 당고 머리 만드는 방법을 소개한다.
원단을 말면 층이 생겨 사실적으로 표현할 수 있다.
도안은 p.101을 참고하자.

1 당고 부위를 접는다

두 장을 붙인 원단에 당고 부위의 도안을 옮겨 그린 뒤
자른다. 이때 원단의 결 방향을 확인하자. 당고 부위를
조금 어긋나게 접는다.

→ 원단을 붙이는 방법은
p.60~61을 참고하자.

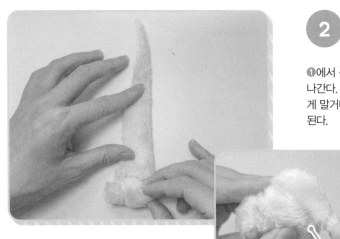

2 당고 부위를 만다

❶에서 준비한 당고 부위를 굵은 쪽에서부터 돌돌 말아
나간다. 원단을 마는 방법은 정해져 있지 않다. 느슨하
게 말거나 반대로 마는 등 취향에 따라 자유롭게 말아도
된다.

Point
조금 어긋나게 마는 것이
포인트다!

당고 부위를
바느질로 고정한다

당고가 풀리지 않도록 당고 부위의 끝부분을 바느질로
단단히 고정한다. 원단이 두꺼워 바늘을 빼기 힘들 때는
펜치를 사용하면 편리하다.

당고를 달 위치를 확인하고
솜인형에 연결한다

솜을 채운 솜인형의 원하는 위치에 당고 부위를 둥글게
공그르기로 연결하면 완성이다.

아래쪽에
당고를 달면
이미지 변신을
할 수 있다!

실제로 땋아서 만들자!

땋은 머리
만드는 방법

아이돌 헤어스타일에서 자주 볼 수 있는 세 갈래로 땋은 머리를
솜인형으로 표현해 보자. 실제로 땋아서 만들기 때문에
바느질하는 과정이 많지 않아 초보자도 쉽게 만들 수 있다.
도안은 p.101을 참고하자.

---

1 시작 부분을
안쪽으로 접는다

땋은 머리 부위의 시작 부분을 1cm 정도 안쪽으로 접
는다.

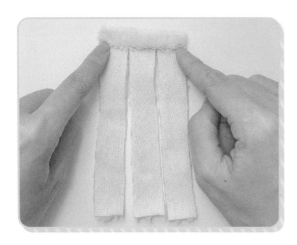

2 시작 부분을 말아 고정한다

❶에서 접은 시작 부분을 어긋나지 않도록 주위하며 끝
에서부터 돌돌 만다. 시작 부분이 풀리지 않도록 바느질
로 단단히 고정한다.

3 머리를 세 갈래로 땋는다

각각의 갈래를 원단 안면이 보이지 않도록 반으로 접어 세 갈래로 땋는다.

Point

머리를 너무 세게 땋으면 모양이 비뚤어질 수 있으니 주의하자. 느슨하게 땋으면 일자 모양으로 완성된다.

4 머리 끝을 고무줄로 묶는다

머리 끝을 2~3cm 정도 남기고 고무줄로 묶는다. 머리가 풀리지 않도록 꽉 묶자. 어린이가 사용하는 작은 고무줄을 추천한다.

→ 솜인형에 연결하는 방법은 p.71을 참고하자.

아래쪽에 땋은 머리를 달면 단정해 보인다 ♪

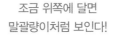

조금 위쪽에 달면 말괄량이처럼 보인다!

75

퐁파두르
만드는 방법

앞머리에 볼륨을 살린 퐁파두르 헤어스타일은
성별에 상관없이 누구에게나 잘 어울린다.
눈과 눈썹이 드러나 표정이 잘 보여서 더욱 귀엽게 완성된다.
긴 머리와도 잘 어울린다. 도안은 p.102를 참고하자.

1 퐁파두르 부위를
앞머리에 바느질한다

두 장을 붙인 원단에 퐁파두르 부위의 도안을 옮겨 그린
뒤 자른다. 퐁파두르 부위를 앞머리 안쪽에 바느질한다.

2 솜인형을 만들고
퐁파두르 부위를 만다

머리와 몸을 연결하고 솜을 채워 솜인형을 만든다. 그다
음 퐁파두르 부위를 뒤쪽으로 느슨하게 만다.

 3 퐁파두르 부위를
시침핀으로 고정한다

❷에서 말아 둔 퐁파두르 부위를 시침핀으로 고정한다.
옆쪽과 앞쪽에서 봤을 때 균형이 맞는지 말린 정도를 확
인하며 조절한다.

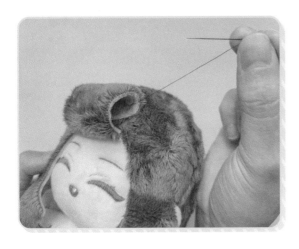

 4 퐁파두르 부위를 바느질한다

퐁파두르 부위의 끝부분을 바느질로 고정하면 완성
이다.

 알아두면
좋은 팁

이너 컬러 만드는 방법

붙이는 원단의 색만 바꿔도 세련된 이너 컬러
를 연출할 수 있다. 최애의 실제 머리 색과 비
슷하게 표현하거나 살짝 보이는 이너 컬러에
최애를 상징하는 색을 넣어도 예쁘다!

가볍게 떠 있는 더듬이가 귀엽다!

반묶음 & 더듬이 머리 만드는 방법

애니메이션 캐릭터에서 자주 볼 수 있는
귀엽게 뒤로 살짝 묶은 반묶음 머리와
가볍게 떠 있는 더듬이 머리 만드는 방법을 소개한다.
도안은 p.103, 107을 참고하자.

반묶음 머리 만들기

1 뒤통수와 뒷머리를 겹쳐 시침질한다

반묶음 머리 부위 두 장을 겉끼리 맞대고 바느질한 뒤 펼친다. 안쪽부터 뒤통수 → 뒷머리 → 반묶음 머리 순으로 겹쳐 완성선 바깥쪽을 시침질한다. 원단 세 장이 겹쳐 있으니 위치가 어긋나지 않도록 주의하자.

2 솜인형을 만든다

머리와 몸을 연결하고 솜을 채워 솜인형을 만든다.

 3 ## 테일 부위를 바느질한다

테일 부위 두 장을 겉끼리 맞대고 바느질한다. 이때 창구멍은 바느질하지 않고 남겨 둔다. 곡선 부분의 시접에는 가위집을 낸다.

4 ## 테일 부위를 겉으로 뒤집어
솜을 채운 뒤 창구멍을 막는다

❸에서 만든 테일 부위를 창구멍을 통해 겉으로 뒤집어 솜을 채운다. 솜을 너무 많이 채우지 않도록 주의하자. 솜을 채웠다면 창구멍을 공그르기로 막는다.

5 ## 테일을 달 위치를 확인하고
솜인형에 연결한다

반묶음 머리 가장자리 주변에 테일 부위를 둥글게 공그르기로 연결하면 완성이다.

더듬이 머리 만들기

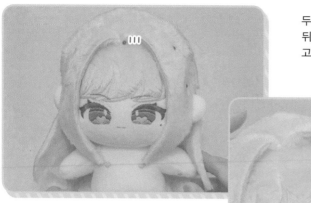

 6 더듬이 부위를
바느질한다

두 장을 붙인 원단에 더듬이 부위의 도안을 옮겨 그린 뒤 자른다. 시작 부분이 뿌리부터 접히도록 위치를 맞추고 시침핀으로 고정한 뒤 바느질한다.

Point

더듬이가 떠 있는 정도를 확인하며 조절한다.

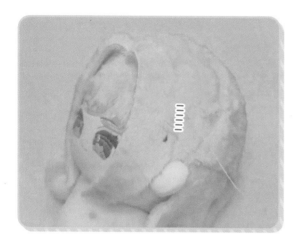

 7 더듬이 부위의
옆부분을 바느질한다

더듬이가 떠 있는 정도를 한 번 더 확인하고 옆부분을 감침질한다. 털이 있는 보아 원단이나 퍼 원단을 사용하면 바늘땀이 잘 보이지 않는다.

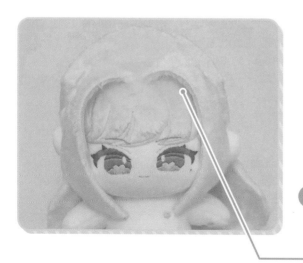

 8 모양을 다듬는다

좌우 균형을 확인하며 더듬이 머리의 모양을 다듬으면 완성이다.

Point

더듬이 머리는 나중에 원하는 길이나 모양으로 잘라도 된다.

멋지게 삐죽삐죽 솟은 머리!

삐죽 머리
만드는 방법

위로 삐죽삐죽 솟은 기본적인 쇼트 커트 헤어스타일을
만드는 방법을 소개한다. 붙이는 부위가 많지 않은
한·중 솜인형이 어떻게 삐죽 머리를 표현하는지 알아보자.
도안은 p.104를 참고하자.

1   삐죽 머리 부위를 준비한다

두 장을 붙인 원단을 잘라 삐죽 머리의 끼워 넣는 부위
를 준비한다.

끼워 넣는 부위를 붙이는 방법은
p.62~63을 참고하자.

2   삐죽 머리 부위를
얼굴에 바느질한다

❶에서 만든 삐죽 머리 부위를 얼굴에 맞춰 시침 클립
등을 사용해 고정한 뒤 완성선 바깥쪽을 시침질한다. 그
다음 뒤통수와 바느질로 연결한다.

3 겉으로 뒤집어
모양을 다듬는다

❷에서 만든 부위를 겉으로 뒤집어 삐죽 머리를 세우듯
모양을 다듬으면 완성이다.

알아두면
좋은 팁 ## 원단 종류에 따라 달라지는 헤어스타일

원단 종류에 따라 헤어스타일을 표현하는 폭이 넓어진다. 롱파일 퍼 원단을 사용할 때는 삐죽 머리 부위
가 없어도 된다. 5mm 벨보아나 소프트보아 원단과는 또 다른 느낌의 헤어스타일을 만들 수 있다. 털을
잘라 부분적으로 길이나 볼륨을 조절해도 좋다.

롱파일 퍼	토끼 퍼

▲

▲

털이 길고 숱이 많은 롱파일 퍼 원단은
삐죽 머리나 목덜미 머리를 쉽게 표현할
수 있다. 보아 원단과는 달리 로큰롤 느낌
이 난다.

토끼 퍼 원단을 사용하면 복슬복슬한 헤
어스타일을 표현할 수 있다. 최애가 천연
곱슬머리라면 토끼 퍼 원단을 추천한다.

올백 & 울프 커트 만드는 방법

시크한 올백과 와일드한 울프 커트는 매우 잘 어울린다.
헤어스타일을 통해 최애의 매력을 어필해 보자.
올백 부위의 색을 바꾸면 블리치도 연출할 수 있다.
도안은 p.105, p.110~111을 참고하자.

울프 커트 만들기

1 솜인형을 만든다

안감을 덧댄 울프 커트 뒷머리를 사용해 솜인형을 만든다.

안감을 덧대는 방법은
p.60~61을 참고하자.

2 목덜미 머리를 준비한다

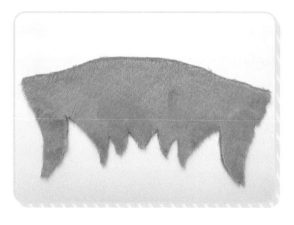

두 장을 붙인 원단을 잘라 목덜미 머리를 준비한다.

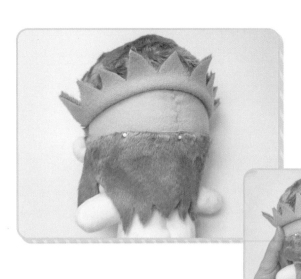

3 목덜미 머리를 바느질한다

뒷머리를 위로 넘긴 뒤 목덜미 머리를 귀 윗부분에 맞춰 시침핀으로 고정한다. 뒷머리를 내려 목덜미 머리의 길이를 확인하고 솜인형에 바느질한다.

올백 만들기

4 올백 부위를 시침핀으로 고정한다

두 장을 붙인 원단에 올백 윗머리 한 장, 올백 옆머리 두 장의 도안을 옮겨 그린 뒤 자른다. 위치를 확인하고 시침핀으로 고정한다.

5 올백 부위를 바느질한다

이마 가장자리와 머리 끝을 각각 바느질한다. 소프트보아처럼 털이 짧은 원단이라면 수예용 풀로 붙여도 된다.

hairstyle

시크한 긴 목덜미 머리!

긴 목덜미 머리 만드는 방법

앞쪽에서도 보이는 긴 목덜미 머리는
시크하고 섹시한 캐릭터에 어울리는 헤어스타일이다.
뒷머리 두 장을 사용해 긴 목덜미 머리 만드는 방법을 알아보자.
도안은 p.111을 참고하자.

---

1 뒤통수를 준비한다

뒤통수 두 장을 자른 뒤 다트를 바느질한다.

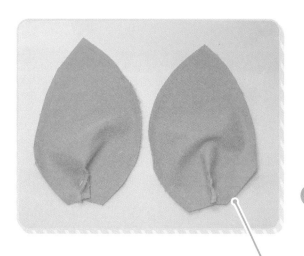

Point

원단이 두꺼워지지 않도록 소프트 보아나 나이렉스 등 털이 짧은 원단을 사용하자.

2 뒷머리를 준비한다

뒷머리에 안감을 덧대고 도안을 옮겨 그린 뒤 자른다.
뒷머리는 두 장을 준비해 다트를 각각 바느질한다.

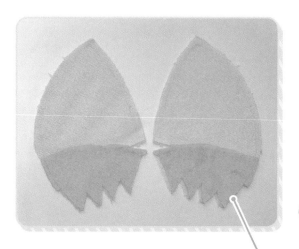

Point

뒤통수와 마찬가지로 안감 원단은 털이 짧은 것을 선택하자.

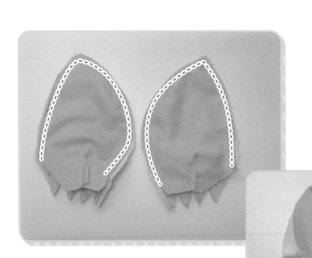

3 뒷머리와 뒤통수를 연결한다

❶과 ❷를 겹쳐 완성선 바깥쪽을 시침질한다. 이것을 좌우 하나씩 만든다.

4 뒤통수를 바느질한다

❸에서 만든 뒤통수 두 장을 겉끼리 맞댄다. 위치가 어긋나지 않게 잘 맞춘 뒤 맞춤점 표시까지 바느질한다. 머리와 몸을 연결하고 솜을 채워 솜인형을 만든다.

5 뒤통수를 공그르기한다

목덜미 머리 부분은 두 장이 겹쳐 있으므로 한 땀 한 땀 꼼꼼하게 공그르기한다. 가운데부터는 뒤통수가 한 장이 되니 실을 꽉 잡아당겨 목덜미 머리의 가르마 모양이 자연스러워지도록 바느질한다.

더 귀여운
솜인형 만들기

솜인형을 더 귀엽게 만들어 보자!

Part4에서는 솜인형을 더 귀엽게 완성할 수 있는 동물 귀 만드는 방법과 인형 뼈대 넣는 방법을 소개한다. 동물 귀로 인형을 꾸미거나 뼈대를 넣어 자세를 연출하는 등 나만의 솜인형 만들기를 즐겨 보자.

동물 귀를 달면 더 사랑스럽다!

고양이 귀 & 강아지 귀 만드는 방법(봉제식)

동물 귀는 귀여울 뿐 아니라 나만의 최애를 표현하기에도 좋다.
여기서는 고양이 귀 도안을 사용해 만드는 방법을 소개한다.
강아지 귀도 같은 방법으로 만들면 된다.
도안은 p.109를 참고하자.

고양이 귀 만들기

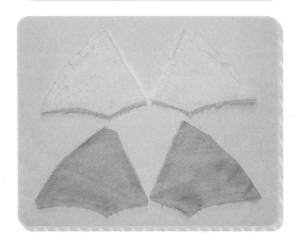

1 원단을 준비한다

원단의 결 방향을 잘 확인하고 도안을 옮겨 그린 뒤 원단을 자른다. 귀 안쪽과 바깥쪽 각 두 장씩 총 네 장의 부위가 필요하다.

2 귀 안쪽과 바깥쪽을 겉끼리 맞대고 바느질한다

귀 안쪽과 바깥쪽 원단을 한 장씩 겉끼리 맞대고 바느질한다. 창구멍은 바느질하지 않고 남겨 둔다.

Point

곡선 부분의 시접을 잘라내거나 가위집을 내면 겉으로 뒤집었을 때 깔끔하게 완성할 수 있다.

88

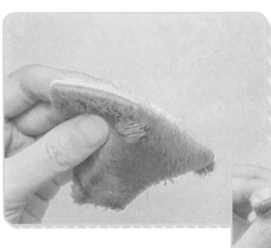

 귀를 겉으로 뒤집는다

❷에서 만든 귀를 겉으로 뒤집는다. 바느질한 부분은 털이 안으로 들어가 있으니 바늘 등을 사용해 살살 빼내어 정리하자.

탈착식으로 만들고 싶다면 이 단계에서 창구멍까지 바느질한다.

 귀를 접고 바느질한다

접음선을 따라 귀를 접고 바느질하면 완성이다.

얼굴에 연결하기

 귀를 얼굴에 연결한다

귀를 얼굴에 대고 위치를 확인한 뒤 완성선 바깥쪽을 시침질한다.

arrange

고무줄로 간편하게 달고 뗄 수 있다!

토끼 귀 & 곰 귀
만드는 방법(탈착식)

동물 귀는 귀여울뿐 아니라 나만의 최애를 표현하기에도 좋다.
여기서는 토끼 귀 도안을 사용해 만드는 방법을 소개한다.
곰 귀도 같은 방법으로 만들면 된다. 봉제식으로 만들어도 괜찮다.
도안은 p.109를 참고하자.

토끼 귀 만들기

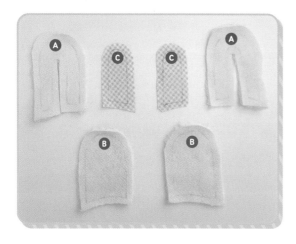

1 원단을 준비한다

원단의 결 방향을 잘 확인하고 도안을 옮겨 그린 뒤 원단을 자른다. 이번에는 A, B, C 각 두 장씩 총 여섯 장의 부위가 필요하다.

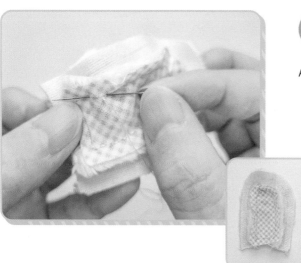

2 A와 C를 바느질한다

A의 안면과 C의 겉면을 맞대고 바느질한다.

90

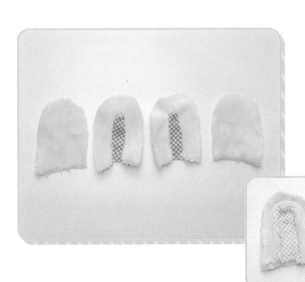

3 2와 B를 겉끼리 맞대고 바느질한다

❷와 B를 한 장씩 겉끼리 맞대고 바느질한다. 창구멍은 바느질하지 않고 남겨 둔다.

4 가위집을 내고 겉으로 뒤집는다

남은 시접을 자르고 곡선 부분의 시접에 가위집을 낸다. 겉으로 뒤집으면 완성이다.

Point

봉제식으로 만들고 싶다면 이 단계에서 귀를 얼굴에 연결한다.

고무줄 달기

5 창구멍을 막는다

창구멍을 공그르기로 막는다.

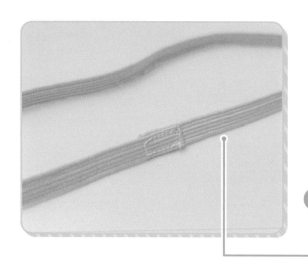

6 고무줄을 고리 모양으로 만들어 바느질한다

고무줄의 양끝을 고리 모양이 되도록 1cm 정도 겹쳐 바느질한다. 20cm 솜인형은 30cm 길이의 고무줄을 준비하면 된다.

Point

헤어의 볼륨에 따라 필요한 길이가 조금 달라질 수 있다. 솜인형에 대고 알맞게 조절하자.

7 고무줄에 토끼 귀를 연결한다

❻에서 고리 모양으로 만든 고무줄의 이음새가 보이지 않도록 ❺에서 만든 귀 하나를 감침질로 연결한다.

8 반대쪽 토끼 귀를 달 위치를 확인한다

❼에서 토끼 귀를 연결한 고무줄을 솜인형에 끼운다. 반대쪽 토끼 귀를 달 위치를 확인하고 초크펜으로 표시한다.

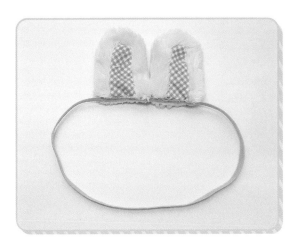

9 반대쪽 토끼 귀를 연결한다

❽에서 표시해둔 곳에 반대쪽 토끼 귀를 ❼과 같은 방법으로 연결한다.

알아두면
좋은 팁

프린트 원단으로 나만의 솜인형 만들기♪

프린트 원단은 다양한 종류의 무늬가 있다. 최애와 어울리는 원단을 골라 나만의 솜인형을 만들고 싶은 사람에게 추천한다. 여러 군데에 사용하면 통일감이 생겨 더 귀여운 솜인형이 완성된다.

동물 귀 안쪽	발바닥

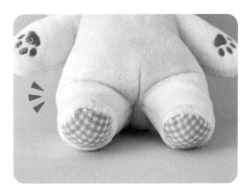

앞쪽에서도 잘 보이는 동물 귀 안쪽에 프린트 원단을 사용하면 귀여움이 돋보인다. 헤어나 눈동자와 같은 색으로 맞춰도 좋다.

평소에는 잘 보이지 않는 발바닥에 사용하는 것도 추천한다. 앉았을 때 보이는 발바닥이 귀여워진다.

자유자재로 움직일 수 있다!

인형 뼈대 넣는 방법

솜인형의 몸에 인형 뼈대를 넣으면 얼굴과 팔다리 방향을
자유롭게 움직여 다양한 자세를 연출할 수 있다.
최애를 닮은 솜인형으로 사진을 촬영하고 싶다면 꼭 알아 두자.

준비하기

1 인형 뼈대를 준비하고
손발 끝에 솜을 채운다

인형 뼈대와 솜을 넣기 전의 솜인형을 준비한다. 뼈대를
넣기 전에 솜인형의 손발 끝에 솜을 조금 채운다.

Point

> 뼈대는 크기를 잘 선택해야 한
> 다. 길이가 너무 짧으면 움직이
> 기 어렵고, 너무 길면 자세를 연
> 출할 때 솔기가 터질 수 있다.

뼈대 넣기

2 솜인형의 몸에 뼈대를 넣는다

솜인형의 등을 통해 다리와 팔에 뼈대를 넣는다.

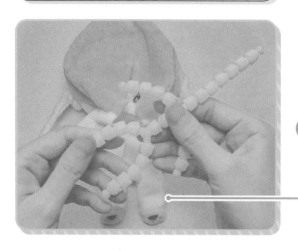

Point

> 뼈대가 끝까지 들어갔는지
> 확인하며 넣자.

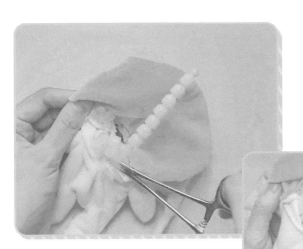

3 몸에 솜을 채운다

뼈대를 감싸듯이 솜을 채운다. 세밀한 부분에는 방울솜을 추천한다. 솜을 채운 뒤 등을 공그르기한다.

Point

특히 팔다리는 뼈대 주변의 한쪽에만 솜을 채우면 울퉁불퉁한 모양이 드러날 수 있다. 보기에 좋지 않으니 주의하자.

4 머리에 뼈대를 넣는다

몸에 솜을 채우고 뼈대의 위치를 고정했다면 머리에도 뼈대를 넣는다. ❸과 마찬가지로 처음에는 뼈대를 감싼다는 느낌으로 솜을 채운다. 솜을 채웠다면 솜인형을 만져 보며 뼈대가 잘 들어갔는지 확인하자. 마지막으로 뒤통수를 공그르기하면 완성이다.

알아두면 좋은 팁

다양한 종류의 인형 뼈대

인형 뼈대는 부품을 조립해 직접 크기를 조절할 수 있는 타입과 표면이 매끈매끈한 철사 타입이 있다. 인형 전문점이나 수예용품점, 1000원숍에서도 구할 수 있으니 확인해 보자.

포인트 자수 놓기

솜인형의 몸에 자수를 놓아 완성도를 한 단계 끌어올릴 수 있다.
솜인형의 몸은 넓기 때문에 위아래 공간을 잘 활용하자.
옷을 입히면 잘 보이지 않지만, 나만의 매력 포인트를 만들어 보는 것도 좋다.

가슴과 배꼽 자수

가슴과 배꼽에 자수를 놓으면 사실적인 느낌을 낼 수 있다. 도안은 p.100을 참고하자.

포인트 자수

나비넥타이나 최애의 모티프와 같이 최애를 상징하는 포인트 자수를 놓아도 귀엽다.

나비넥타이 자수는
이 도안을 사용하면 된다.
자유롭게 자수를 놓아 보자.

도안

도안 QR코드

아래 QR코드를 인식하면 나타나는 웹사이트
에서 도안을 다운로드할 수 있다. B5 사이즈
로 인쇄해서 사용하자.

도안 보는 방법은
p.13을 참고하자.

Pattern Paper

●QR코드가 인식되지 않을 때는 아래 URL에 접속하시기 바랍니다.
https://www.mates-publishing.co.jp/oshinui_riso/

본체

본체
얼굴×1
결 방향

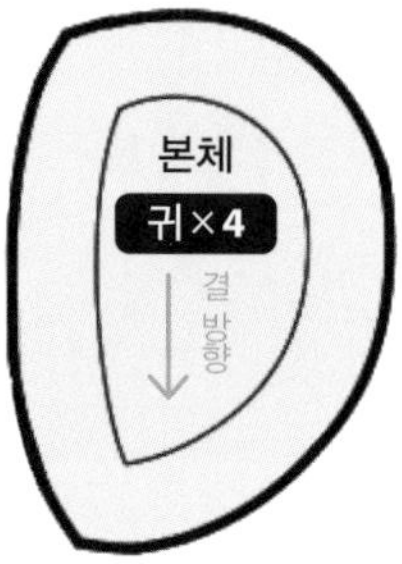

본체
귀×4
결 방향

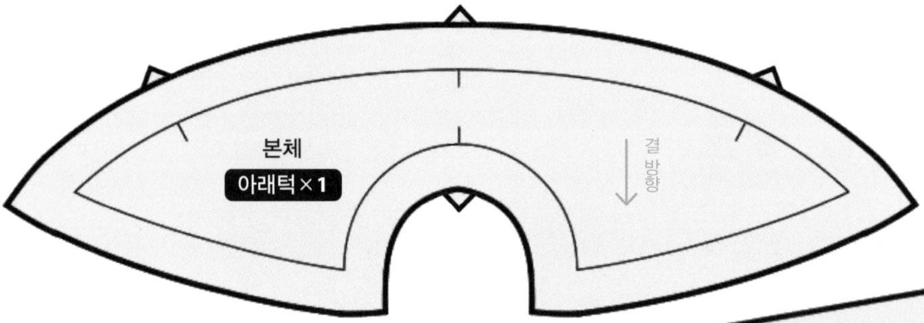

본체
아래턱×1
결 방향

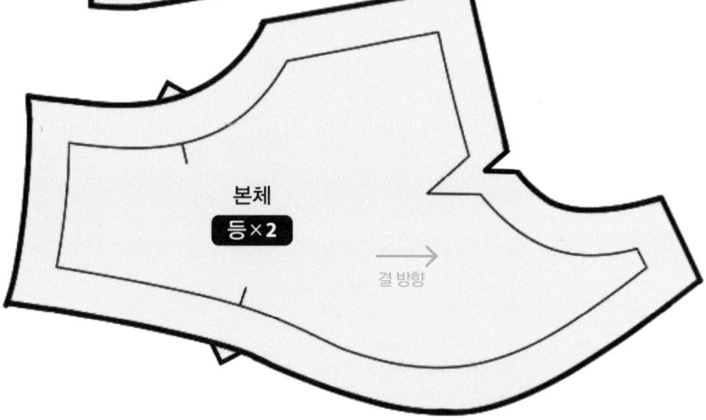

본체
등×2
결 방향

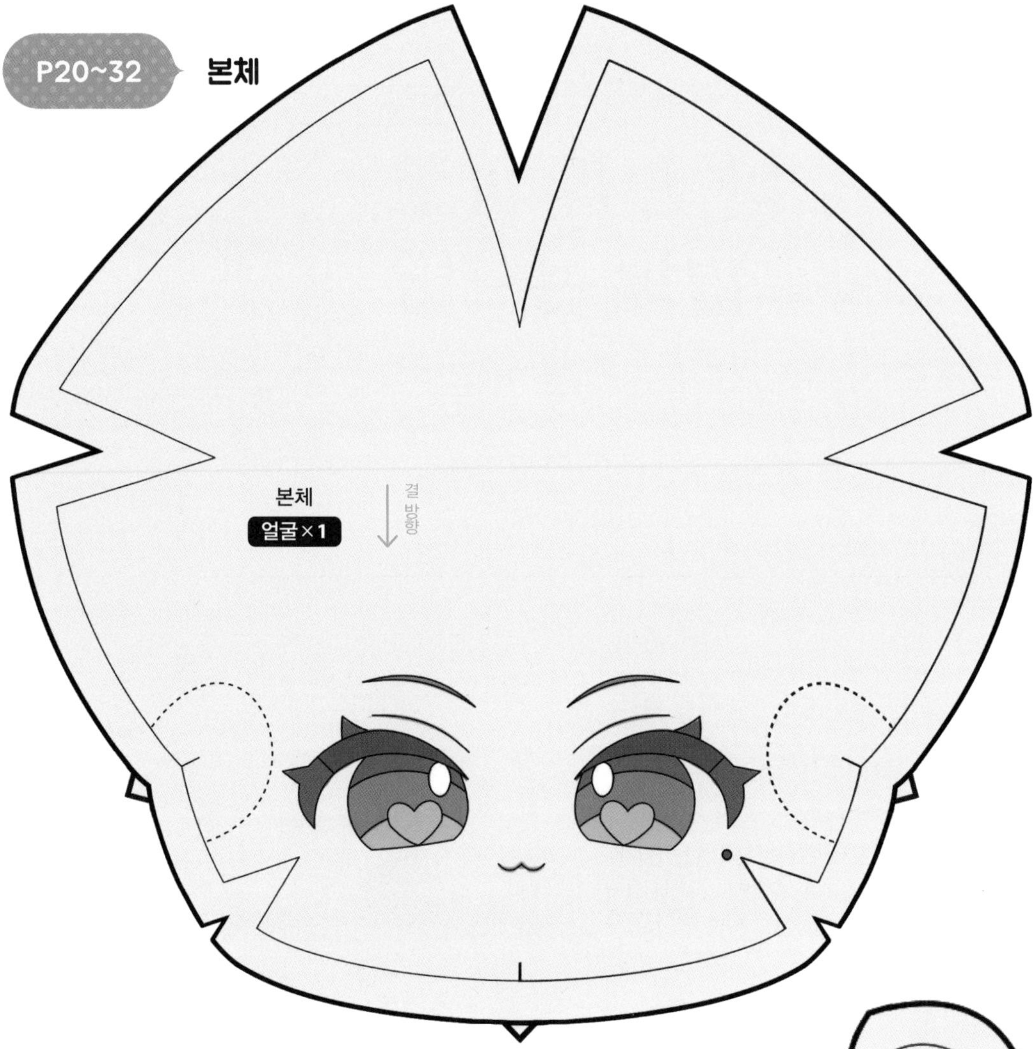

20cm 솜인형은 100% 배율로,
15cm 솜인형은 75% 배율로
축소 복사해 사용한다.

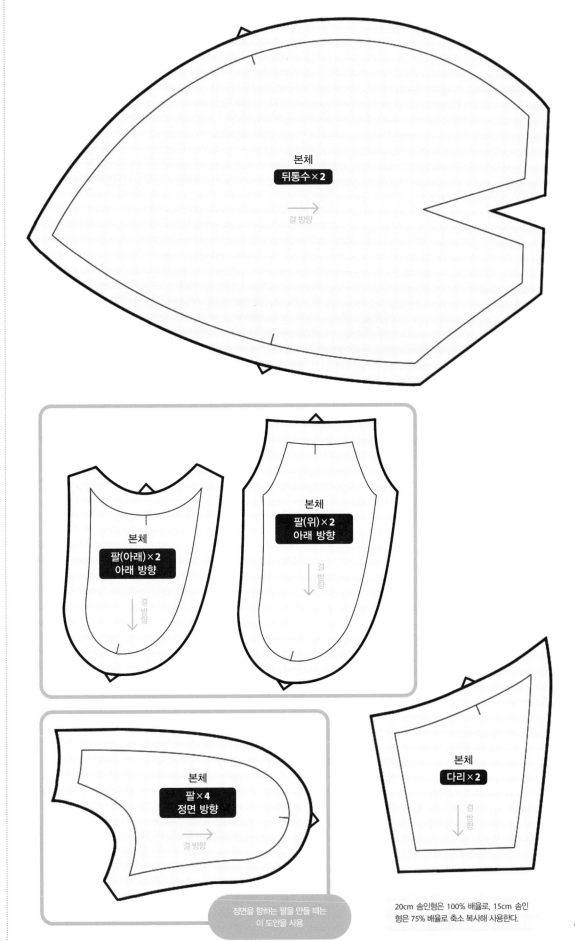

본체
뒤통수×2

결 방향

본체
팔(아래)×2
아래 방향

결 방향

본체
팔(위)×2
아래 방향

결 방향

본체
팔×4
정면 방향

결 방향

본체
다리×2

결 방향

정면을 향하는 팔을 만들 때는
이 도안을 사용

20cm 솜인형은 100% 배율로, 15cm 솜인
형은 75% 배율로 축소 복사해 사용한다.

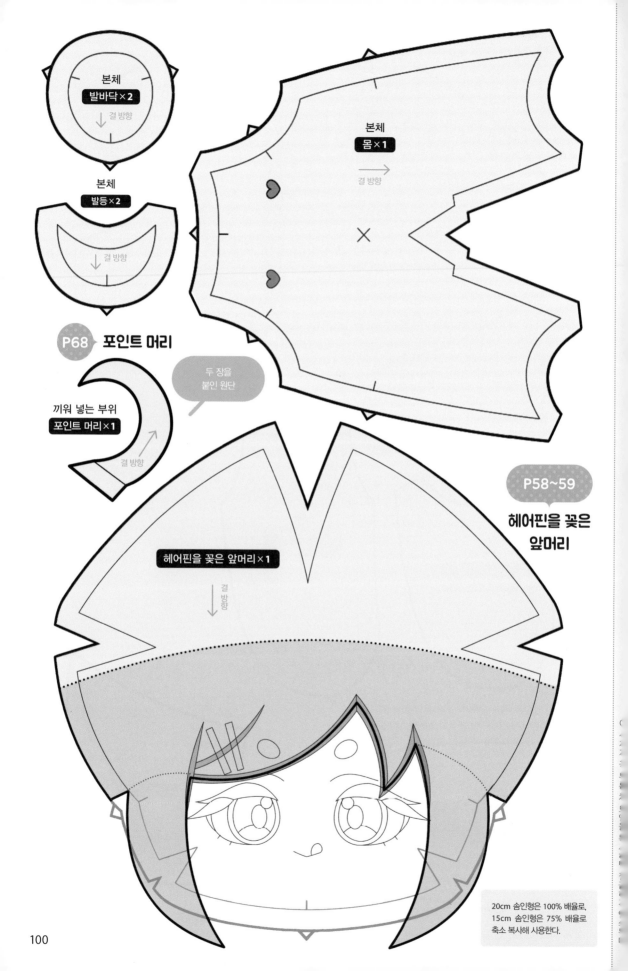

본체
발바닥×2
결 방향

본체
발등×2
결 방향

본체
몸×1
결 방향

P68 포인트 머리

끼워 넣는 부위
포인트 머리×1
결 방향

두 장을
붙인 원단

헤어핀을 꽂은 앞머리×1
결
방향

P58~59

헤어핀을 꽂은
앞머리

20cm 솜인형은 100% 배율로,
15cm 솜인형은 75% 배율로
축소 복사해 사용한다.

P69~71 **트윈 테일 & 포니 테일**

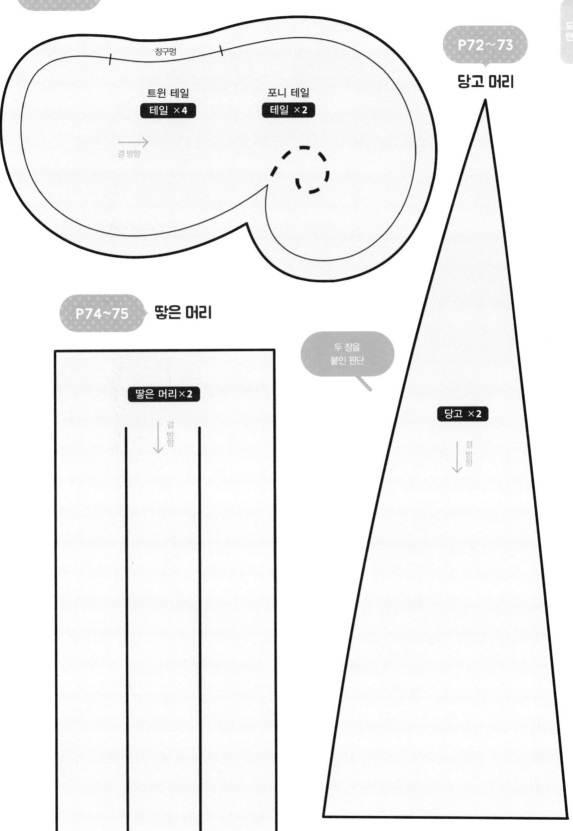

창구멍

트윈 테일
테일 ×4

포니 테일
테일 ×2

결 방향

P72~73

당고 머리

P74~75 **땋은 머리**

땋은 머리×2

결 방향

두 장을
붙인 원단

당고 ×2

결 방향

20cm 솜인형은 100% 배율로, 15cm 솜인
형은 75% 배율로 축소 복사해 사용한다.

P78~80 **더듬이 머리**

더듬이 머리
앞머리×1
결 방향

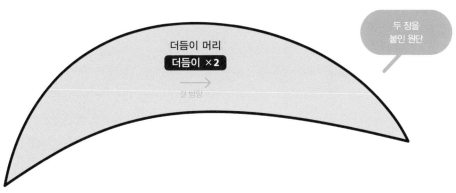

더듬이 머리
더듬이 ×2
결 방향

두 장을
붙인 원단

20cm 솜인형은 100% 배율로, 15cm 솜인
형은 75% 배율로 축소 복사해 사용한다.

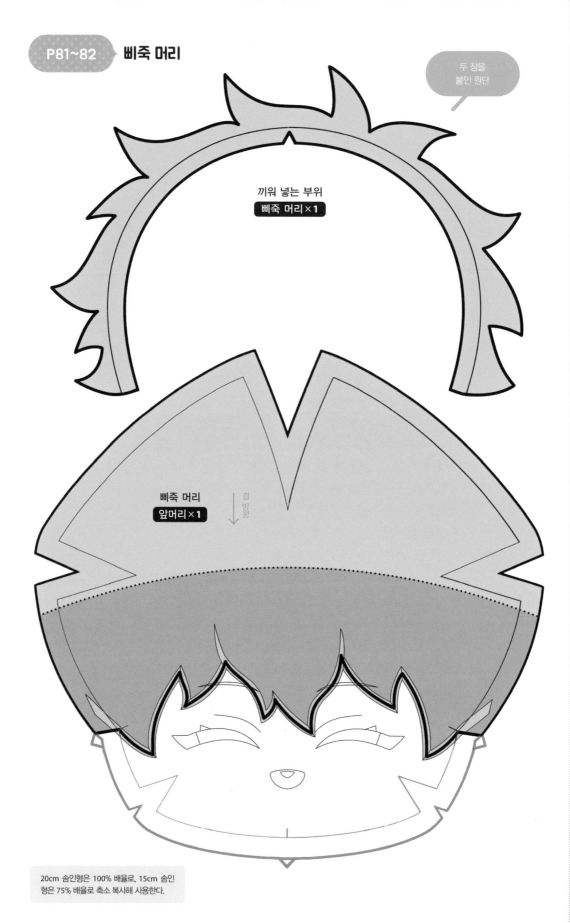

두 장을
붙인 원단

끼워 넣는 부위
삐죽 머리×1

삐죽 머리
앞머리×1

결방향

20cm 솜인형은 100% 배율로, 15cm 솜인
형은 75% 배율로 축소 복사해 사용한다.

이 선까지 꼭 누른 차 도안을 복사하면 깔끔하게 인쇄된다

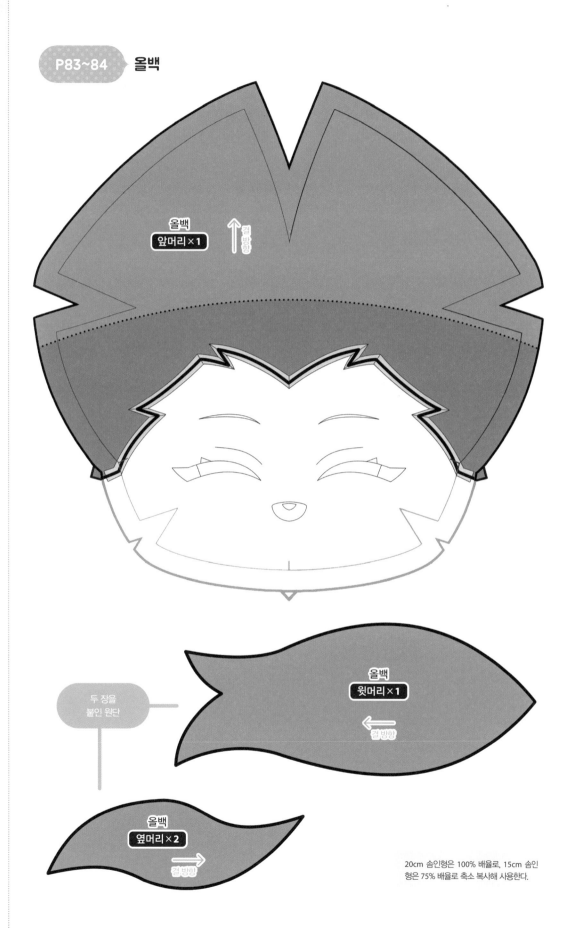

P83~84 올백

올백
앞머리×1 결방향

올백
윗머리×1 결방향

두 장을
붙인 원단

올백
옆머리×2 결방향

20cm 솜인형은 100% 배율로, 15cm 솜인
형은 75% 배율로 축소 복사해 사용한다.

쉼표 머리

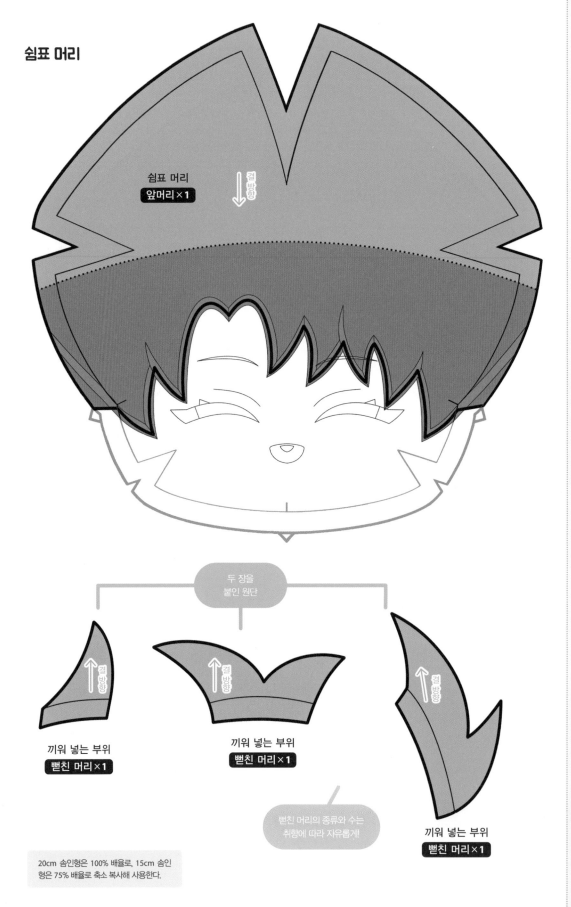

쉼표 머리
앞머리×1

결 방향

두 장을
붙인 원단

결 방향

결 방향

결 방향

끼워 넣는 부위
뻗친 머리×1

끼워 넣는 부위
뻗친 머리×1

끼워 넣는 부위
뻗친 머리×1

뻗친 머리의 종류와 수는
취향에 따라 자유롭게!

20cm 솜인형은 100% 배율로, 15cm 솜인
형은 75% 배율로 축소 복사해 사용한다.

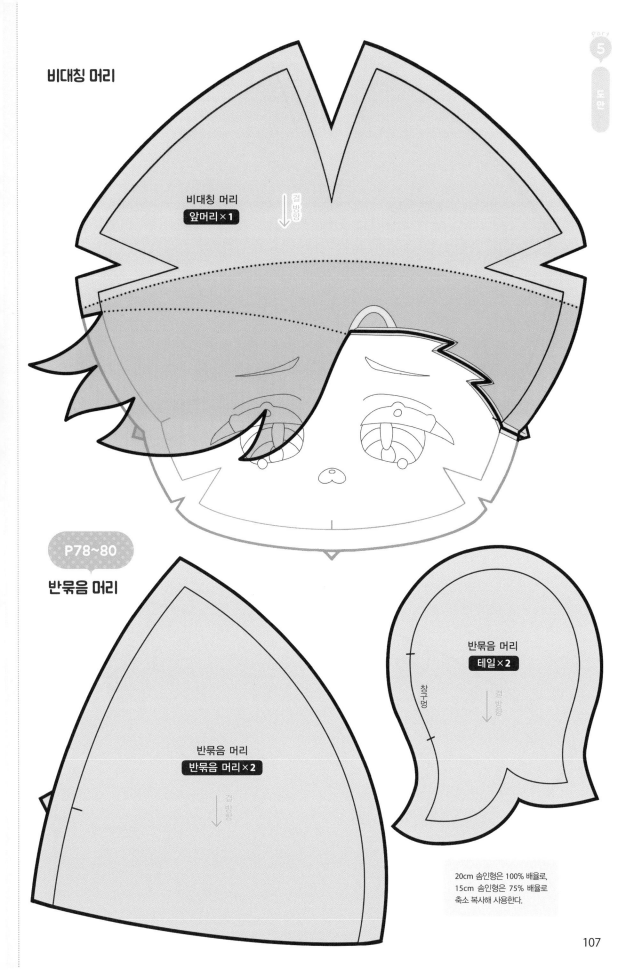

비대칭 머리

비대칭 머리
앞머리×1
결 방향

P78~80
반묶음 머리

반묶음 머리
반묶음 머리×2
결 방향

반묶음 머리
테일×2
창구멍
결 방향

20cm 솜인형은 100% 배율로,
15cm 솜인형은 75% 배율로
축소 복사해 사용한다.

※원단을 반으로 접은 뒤 접힌 부분에 골선을 맞춰
원단을 자르자. 접힌 부분은 자르지 않아도 된다.

20cm 솜인형은 100% 배율로,
15cm 솜인형은 75% 배율로
축소 복사해 사용한다.

풀뱅

풀뱅
앞머리×1

결 방향

보브 커트

보브 커트
뒷머리×1

결 방향

골선

0 손끼즈 꾹 누른 차 도안을 복사하면 깔끔하게 인쇄된다

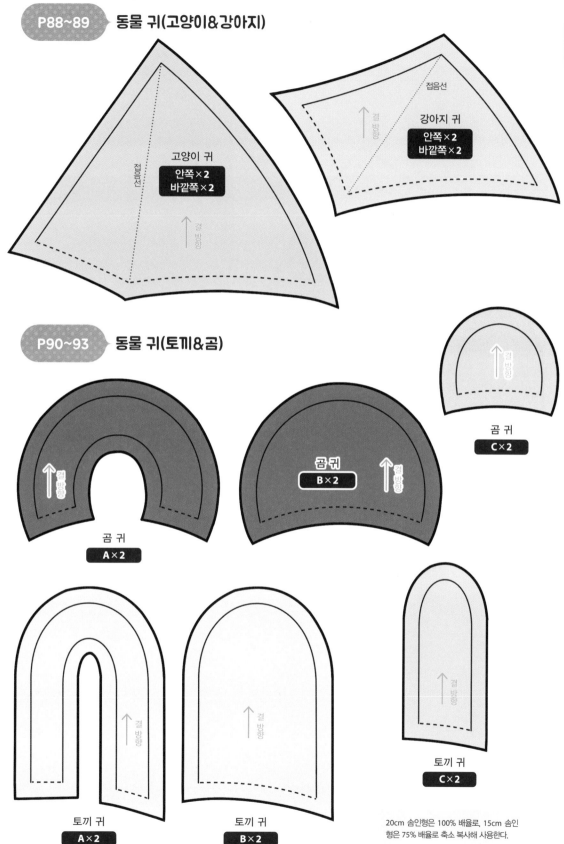

P88~89 · 동물 귀(고양이&강아지)

접음선

강아지 귀
안쪽×2
바깥쪽×2

결 방향

고양이 귀
안쪽×2
바깥쪽×2

접음선

결 방향

P90~93 · 동물 귀(토끼&곰)

결 방향

곰 귀
C×2

곰 귀
B×2

결 방향

곰 귀
A×2

결 방향

결 방향

토끼 귀
C×2

결 방향

결 방향

토끼 귀
A×2

토끼 귀
B×2

20cm 솜인형은 100% 배율로, 15cm 솜인형은 75% 배율로 축소 복사해 사용한다.

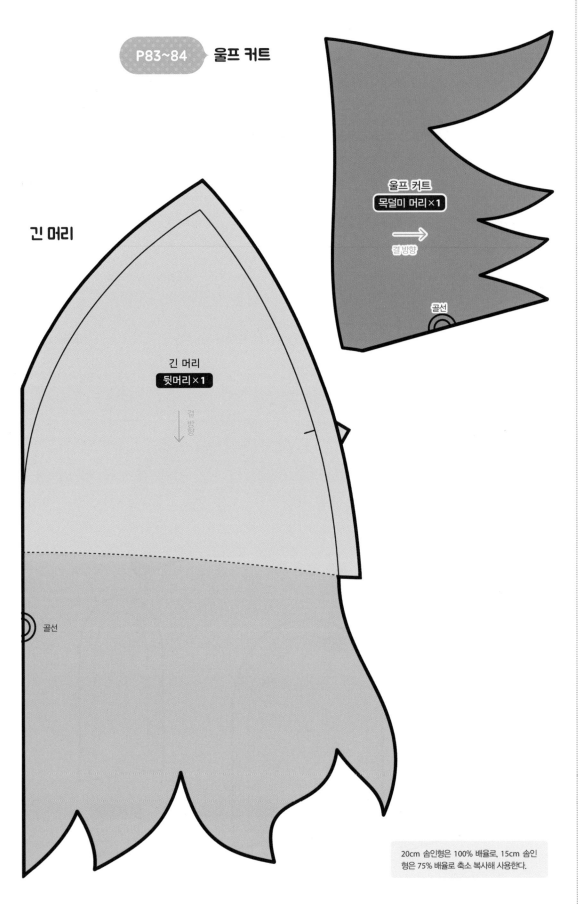

P83~84 ▷ 울프 커트

울프 커트
목덜미 머리×1
→
결 방향
골선

긴 머리

긴 머리
뒷머리×1
↓
결 방향

골선

20cm 솜인형은 100% 배율로, 15cm 솜인
형은 75% 배율로 축소 복사해 사용한다.

※원단을 반으로 접은 뒤 접힌 부분에 골선을 맞춰
 원단을 자르자. 접힌 부분은 자르지 않아도 된다.

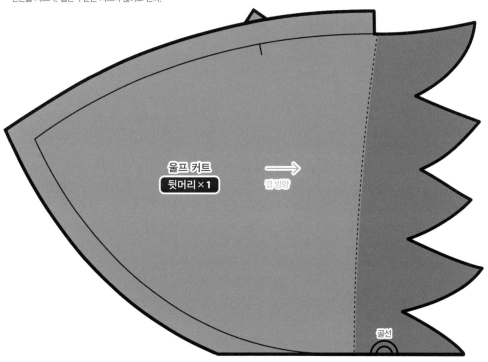

울프 커트
뒷머리×1

결 방향

골선

P85~86 긴 목덜미 머리

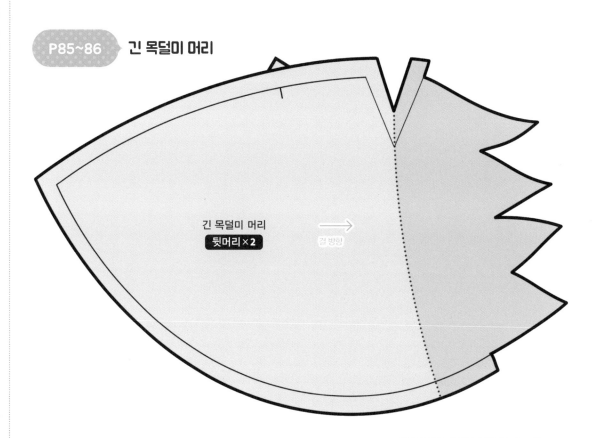

긴 목덜미 머리
뒷머리×2

결 방향

20cm 솜인형은 100% 배율로, 15cm 솜인
형은 75% 배율로 축소 복사해 사용한다.

MOTTO KAWAIKU DEKIRU! OSHINUI RISO NO 'OKAO' 'KAMIGATA' TSUKURIKATA BOOK

© FIGINC, 2023
Korean translation copyright © 2024 by Korean Studies Information Co., Ltd.
Korean translation rights arranged with MATES universal contents Co., Ltd. through Japan UNI Agency, Inc., Tokyo

협력 시라타마
촬영 기타하라 지에미
디자인 세키네 지하루
편집 가토 미노리

귀엽고 사랑스러운
말랑뽀짝 솜인형 만들기

초판 인쇄 2024년 12월 31일
초판 발행 2024년 12월 31일

감수 피요핏코
옮긴이 일본콘텐츠전문번역팀
발행인 채종준

출판총괄 박능원
국제업무 채보라
책임번역 김예진
책임편집 권새롬
디자인 김예리
마케팅 안영은
전자책 정담자리

브랜드 므큐
주소 경기도 파주시 회동길 230 (문발동)
투고문의 ksibook13@kstudy.com

발행처 한국학술정보(주)
출판신고 2003년 9월 25일 제406-2003-000012호
인쇄 북토리

ISBN 979-11-7217-528-3 13630

므큐는 한국학술정보(주)의 아트 큐레이션 출판 전문브랜드입니다.
무궁무진한 일러스트의 세계에서 가치 있는 정보를 수집하고 선별해 독자에게 소개한다는 뜻을 담고 있습니다.
'예술'이 가진 아름다운 가치를 전파해 나갈 수 있도록, 세상에 단 하나뿐인 책을 만들고자 합니다.

므큐 드로잉 컬렉션

일러스트 기초부터 나만의 캐릭터 제작까지!

New!

스파이 그리기
긴장감 넘치는 화려한 첩보 액션 연출법

이토 류타로 지음

New!

일본풍 판타지 일러스트 with 클립스튜디오

나나하라 시에 지음

Focus!

최애를 위한 나만의 솜인형 옷 만들기

다큐트 외 1인 지음

Focus!

최애를 닮은 나만의 솜인형 만들기

히라쿠리 아즈사 지음

메르헨 귀여운 소녀 그리기
동화 속 캐릭터 패션 디자인 카탈로그
사쿠라 오리코 지음

계절, 상황별 메르헨 소녀 그리기
동화 속 캐릭터 코디 카탈로그
사쿠라 오리코 지음

나만의 메르헨 캐릭터 그리기
다양한 테마 속 코스튬 카탈로그
사쿠라 오리코 지음

살아있는 캐릭터를 완성하는
눈동자 그리기
오히사시부리 외 13인 지음

캐릭터를 결정짓는 눈동자 그리기
오히사시부리 외 16인 지음

수인X이종족 캐릭터 디자인
스미요시 료 지음

빌런 캐릭터 드로잉
가세이 유키미쓰 외 4인 지음

멋진 여자들 그리기
포키마리 외 8인 지음

의인화 캐릭터 디자인 메이킹
.suke 외 3인 지음

사쿠라 오리코 화집 Fluffy

사쿠라 오리코 지음

**돋보이는 캐릭터를 위한
여자아이 의상 디자인 북**

모카롤 지음

**나도 한다! 아이패드로 시작하는
만화 그리기 with 클립스튜디오**

아오키 도시나오 지음

수인 캐릭터 그리기

야마히쓰지 야마 외 13인 지음

움직임이 살아있는 동물 그리기

나이토 사다오 지음

가모 씨의 귀여운 손그림 백과사전

가모 지음

환상적인 하늘 그리는 법

구메키 지음

**프로가 되는 스킬업!
배경 일러스트 테크닉**

사카이 다쓰야 · 가모카멘 지음

**나 혼자 스킬업! 바로 시작하는
배경 일러스트 메이킹**

다키 외 2인 지음

미남 캐릭터 일러스트 강좌

진케이 지음

입문자를 위한 캐릭터 메이킹
with 클립스튜디오

사이드랜치 지음

캐릭터 채색 네 가지 색감 활용 테크닉
with. 클립 스튜디오

요모 우사기 지음

뉴 레트로 드로잉 테크닉

DenQ 외 7인 지음

사랑에 빠진
미소녀 구도 그리기

구로나마코 외 4인 지음

효고노스케가 직접 알려주는
일러스트 그리기

효고노스케 지음

손 · 발 해부학 드로잉

가토 고타 지음

누구나 따라하는
설레는 손 그리기

기비우라 외 4인 지음

므큐 X(Twitter)
@mmmmmcue

QR 코드를 통해 므큐 X(Twitter)
계정에 방문해 보세요.
신간 소식과 다양한 RT 이벤트도
놓치지 마세요!